Réussir la garde alternée

« C'est la vie aussi »
Collection dirigée par Bernadette Costa-Prades

« Les bonheurs n'ont pas de campement rapproché. Quand tu quittes la demeure d'un bonheur, tu sais qu'il te faudra beaucoup marcher avant d'atteindre une autre demeure du bonheur. »

(Proverbe africain)

22, rue Huyghens, 75014 Paris

www.albin-michel.fr

ISBN : 2-226-14979-1

Gérard Poussin
Anne Lamy

Réussir la garde alternée

Profiter des atouts, éviter les pièges

Albin Michel

Introduction

« Ils se marièrent et eurent beaucoup d'enfants… » Ainsi se terminaient les contes de fées de notre enfance. S'ils étaient contemporains, Perrault, les frères Grimm et les autres écriraient peut-être : « Ils ne se marièrent pas toujours, eurent environ deux enfants, puis se quittèrent. » La formule est moins poétique, mais plus exacte. On ne s'est, en effet, jamais autant séparé qu'aujourd'hui. À chaque fois, les familles se trouvent confrontées au même casse-tête : comment l'enfant peut-il continuer à être élevé par ses deux parents ? Comment peut-on rester deux parents, lorsqu'on a fini de s'aimer ? Ces questions sont d'autant plus cruciales que le lien conjugal a montré ses limites de résistance à l'usure et à la casse, et que c'est désormais le lien de filiation que l'on voudrait indissoluble.

La résidence alternée – appellation qui a remplacé le terme de « garde » – est une des réponses possibles à ces interrogations si complexes. Ce n'est ni la seule ni la meilleure. C'est plutôt la moins mauvaise solution pour respecter le droit de l'enfant de grandir auprès de ses deux parents. Puisqu'il ne peut pas être élevé par ses

parents en même temps, il le sera successivement. Un changement d'adverbe qui fait toute la différence, mais qui est plus facile à dire qu'à appliquer...
Choisir la résidence alternée, c'est reconnaître que chaque parent a les mêmes droits et les mêmes devoirs auprès de son enfant. C'est une manière de rappeler leur rôle, aux pères démissionnaires, et leurs droits, aux pères évincés (et à leurs ex-compagnes). Ce choix de vie implique qu'on laisse à son ex-conjoint la place qui lui revient, même si on n'est pas d'accord sur tout, après une rupture. Et on l'est rarement, au moment d'un divorce !
La résidence alternée est-elle un pari risqué ? Peut-être. C'est en tout cas une volonté de sortir des schémas traditionnels de l'après-divorce où, trop souvent, le père devient un personnage secondaire et où la mère assume la majorité du quotidien avec l'enfant. Comme toutes les solutions pionnières, tout ou presque reste à inventer. À chaque famille de trouver son rythme et ses repères, pour que l'enfant se construise et s'épanouisse auprès de ses parents. Car, après tout, avoir raté son couple conjugal n'empêche pas de réussir son couple parental. Et miser sur la bonne volonté des parents, n'est-ce pas ce qui peut arriver de mieux, à l'enfant ?

Chapitre 1
Le divorce, état des lieux

Pendant des années, la vie des enfants après un divorce s'est organisée autour de la mère, le père devant se contenter d'un second rôle. Mais la loi a dû s'adapter à l'évolution des modèles masculin et féminin, pour préserver au mieux le double lien parental.

L'ère du patriarcat

Traditionnellement, l'homme était aux commandes de la société, au travail comme dans sa vie de famille. Les enfants obéissaient, au doigt et à l'œil, à ce *pater familias* qui signait les carnets de notes, distribuait les sanctions… Mais la mère de famille, aussi, était soumise à son mari. Il aura fallu attendre le milieu des années 60 pour qu'une femme ait le droit de travailler ou d'ouvrir un

compte à la banque, sans demander la permission à son mari ! D'ailleurs, l'expression « chef de famille » annonçait clairement la couleur. Ce n'est qu'en 1970 que ce terme sera supprimé du code civil...
Si le couple battait de l'aile, divorcer n'était ni fréquent ni facile. Dans les années 60, seul un mariage sur dix était susceptible de se terminer par un divorce, contre un sur trois aujourd'hui. Quitter son conjoint était bien souvent considéré comme une déviance sociale. Ensuite, et surtout, il n'existait qu'une seule manière de se séparer : le divorce pour faute. Or, on pouvait avoir envie de se quitter, sans se lancer dans une bataille juridique complexe ! Enfin, pour peu que les époux se soient mariés sous le régime de la communauté des biens, l'homme emportait la totalité des biens du ménage, et ce jusqu'en 1967. Il fallait donc un certain cran à la femme pour partir, sans le sou, souvent sans travail, sous le regard désapprobateur de la société...

Les années 70, la maison en pleine (r)évolution

Mai 68 fit exploser les vieux schémas. Au panier, la cravate et la toute-puissance du chef de famille, la hiérarchie des rôles dans le couple et le tablier de la femme au foyer !

Désormais, tout est à réinventer. Libérés des carcans de pensée trop rigides, hommes et femmes explorent les coins et les recoins du masculin et du féminin. En même temps, ils négocient une nouvelle manière de vivre en couple, loin des stéréotypes devenus périmés.
Ce remue-ménage modifie en profondeur les rôles et statuts de chacun dans le couple. Les femmes vont travailler ailleurs qu'à la maison: en 1968, 60 % des femmes en couple, de 20 à 59 ans, étaient encore au foyer. Elles s'émancipent donc, gagnent une autonomie financière et choisissent ou non de faire des bébés*. Pour beaucoup de couples, c'est aussi l'heure du bilan. Quitte à devoir se séparer de son conjoint... Mais il reste à régler la question du divorce. En 1975, c'est enfin fait: la loi introduit le divorce par consentement mutuel. Il rencontre un succès jamais démenti depuis. Aujourd'hui, plus de la moitié des divorces sont prononcés de cette façon.

Des pères plus impliqués

Puisque les pères s'autorisent désormais à exprimer leur part de féminité, ils n'hésitent plus à investir les tâches autrefois dévolues à leur seule compagne. Ils assistent à

* La loi autorise la contraception depuis 1967.

l'accouchement, font des kilomètres pour endormir leur bébé, donnent les bains ou les biberons et distribuent les permissions de sortie aux plus grands. Ils se découvrent tendres mais aussi présents quand les enfants soumettent nerfs ou oreilles des adultes à rude épreuve ! Peu à peu, ils tracent leur chemin pour trouver la juste distance auprès de leurs enfants. Ce ne sont ni les pères sévères des années 60, un peu trop rigides, ni les papas poules des années 70, un peu trop laxistes.
Aujourd'hui, selon les chiffres sur l'emploi du temps des ménages*, les pères consacrent deux heures et seize minutes de leur temps, par semaine, aux « tiers » (essentiellement leurs enfants) ; les mères, elles, un peu plus de cinq heures aux activités de bains, câlins, etc. La répartition est encore très inégalitaire, mais bien moins que ces dernières décennies.

Mariés, mais pas pour l'éternité

La naissance de ce couple moderne entraîne de profonds bouleversements. L'idéal du couple s'est modifié : on est passé d'un schéma reposant sur l'inégalité des sexes à des aspirations nouvelles. Aujourd'hui le couple

* Source INSEE.

se veut en même temps égal mais différent. Ou différent mais égal, c'est selon. Ce qui implique que les différences, à l'intérieur du couple, ne doivent pas servir à fonder la supériorité de l'un ou de l'autre. Et si c'est quand même le cas ? Autant mettre fin à cette union. En cela, la plus grande indépendance financière de la femme lui permet d'envisager le divorce sans s'inquiéter outre mesure des lendemains qui déchantent. D'ailleurs, le pli est vite pris : c'est en général la femme qui demande le divorce et la mère qui obtient la garde des enfants, dans 86 % des cas.

Et le père ? Condamné souvent à occuper un strapontin, il a le droit de verser une pension alimentaire à son ex-compagne pour l'éducation de ses enfants, qu'il voit un week-end sur deux et la moitié des vacances scolaires. Pendant des années, le système des « 1, 3, 5 » (premier, troisième et dernier week-end du mois, etc.) est quasiment devenu la règle, appliqué d'ailleurs plus par habitude que par la certitude de tenir, là, le meilleur mode de vie pour l'enfant. Mais souvent la femme s'épuise dans les contraintes quotidiennes, qu'elle assume désormais seule. L'homme, devenu « intermittent de la paternité », tâtonne pour trouver sa place. Parfois, il s'accommode de ce second rôle, mais pas toujours. Il a le sentiment d'être le perdant de l'histoire. Et les enfants ? Ils ont du mal à créer une relation forte avec ce père qu'ils redécouvrent tous les quinze jours. Comment raconter la quinzaine écoulée ? Le quotidien d'un enfant est fait d'une foule de petits riens, anodins, mais essentiels au « tricotage » du lien. L'argent de poche, le premier chagrin d'amour, la petite souris, l'entraînement de rugby... Tous ces moments de la vie d'un enfant sont difficiles à résumer en quelques mots !

La « désertion » des pères

À l'extrême, la fonction paternelle se résumerait à gâter ses enfants, le week-end, à coups de Disneyland et de baskets à 150 euros, pendant que la mère se débrouille avec le quotidien. Tout se passe comme si la mère avait tous les devoirs – mais aussi tous les pouvoirs – auprès des enfants. À ce rythme, on ne sera guère surpris d'apprendre que les liens père-enfant s'effilochent souvent avec le temps. Combien y a-t-il de pères malheureux, évincés de leur rôle paternel par leur ex-compagne ? Combien y a-t-il de pères qui désinvestissent cette part de leur vie « d'avant », pour se consacrer à leur travail ou à une nouvelle relation amoureuse ? Combien compte-t-on de pères qui tirent un trait sur leur paternité et s'évanouissent dans la nature, après la séparation ? Les études ne le détaillent pas. Mais le verdict des chiffres est sans appel : après une séparation, 24 % des enfants vivant avec leur mère ne voient jamais leur père, et 18 % le voient moins d'une fois par mois*. Autrement dit, plus de 40 % des enfants de divorcés, vivant avec leur mère, grandissent sans une image solide de leur papa. Pas facile de construire du positif autour d'un absent...

Les coparents, c'est bon pour les enfants

Mais voilà, les pères acceptaient de moins en moins de partager les miettes du quotidien avec leurs enfants. La pression montait, relayée par les associations de pères qui trouvaient que les choses ne bougeaient pas assez vite du côté de la justice. Aussi, en 1993, la notion de « garde » des enfants est remplacée par l'« exercice de l'autorité parentale conjointe ». L'organisation de la vie de l'enfant est laissée aux seuls parents ; ce n'est qu'en cas de désaccord entre eux ou d'accord contraire à l'intérêt de l'enfant que le juge fixe une résidence habituelle à l'enfant. C'est un progrès puisque la loi accorde

* Source INED 1994.

à tous les parents, mariés ou non, le droit d'éduquer conjointement leurs enfants. Mais au fond, qu'est-ce que ça change ? Dans la plupart des cas, l'enfant vit avec sa mère. Ce droit à la « coparentalité » reste donc plus théorique que pratique, pour les pères. Lesquels ont toujours autant de mal à faire entendre leur voix, en étant si peu présents au quotidien…

L'essentiel

- **Après un divorce, 86 % des enfants vivent avec leur mère. Et après la séparation, plus de quatre enfants sur dix, vivant avec leur mère, n'ont pas de lien régulier avec leur père.**

- **De plus en plus de pères ont du mal à se satisfaire d'un rôle en pointillé auprès de leurs enfants.**

- **De nombreux parents divorcés ont conscience que le maintien du double lien parental est essentiel à la construction de l'enfant.**

Chapitre 2
La résidence alternée : de la théorie à la pratique

Avec l'évolution des pratiques familiales, il fallait une loi qui rééquilibre le rôle des parents après un divorce. C'est le but de la loi du 4 mars 2002, même si son application reste difficile…

À deux, pour faire un enfant, à deux, pour l'élever

Que dit cette loi ? : « La résidence de l'enfant peut être fixée en alternance au domicile des parents ou au domicile de l'un d'eux. » Ce système, qui permet de maintenir le double lien parental, peut être décidé par l'un des parents ou les deux. Une convention établit alors le rythme de vie de l'enfant chez chacun. De plus, comme ce n'est pas devant un juge que les parents vont régler en une demi-heure leur conflit, la loi insiste sur l'importance de la médiation familiale. C'est un lieu de parole, neutre et confidentiel, qui permet aux adultes de « faire le tri » entre ce qui ressortit à leur conflit personnel et ce qui a trait à leur relation avec l'enfant. Parallèlement à cette loi, le congé paternité est passé de trois jours à quatorze jours, depuis l'année 2002, facilitant la construction d'un lien solide entre le père et l'enfant.

Perplexité au tribunal…

Les juges aux affaires familiales, seuls habilités à accorder ou à refuser la résidence alternée, avancent à petits pas pour exécuter la loi. D'abord, elle est très récente ; certes, quelques familles « pionnières » vivaient dans l'alternance avant mars 2002, mais la pratique se faisait à l'amiable, sans l'aval de la justice. Ensuite, les juges appliquent peu cette loi : un cinquième des pères en instance de divorce demande ce mode de vie. Aux États-Unis, par exemple, c'est bien plus fréquent. La Californie préconise la résidence alternée, et dans certains États (Montana, Kansas, Connecticut),

qui la considèrent comme une solution satisfaisante, près de 40 % des couples divorcés la pratiquent.
Les magistrats français attendent donc avec impatience que des études venant d'outre-Atlantique les éclairent sur l'impact de ce mode de vie chez l'enfant. Bien entendu, ils privilégient toujours l'« intérêt de l'enfant », lequel doit toujours primer, rappelle la loi. Il existe le cas idéal où les ex-conjoints, détendus et apaisés, désirent tous les deux la résidence alternée. Mais que fait-on dans tous les autres cas ? Comment savoir si l'enfant y trouvera son compte ?

Ni gagnant ni perdant

Après une rupture, toute décision prise par le juge aux affaires familiales est chargée de symbole. Chacun perçoit le jugement comme une victoire ou une défaite personnelle. Selon le cas, la souffrance est apaisée ou ravivée. C'était particulièrement vrai avant mars 2002 : le parent qui obtenait la résidence habituelle de l'enfant sortait gagnant, son ex-conjoint perdant.
La résidence alternée rompt avec cette logique, en mettant les deux parents à égalité sur la ligne de départ. Choisir ce mode de vie signifie en effet que les

parents se reconnaissent égaux en droits et en devoirs auprès de leurs enfants. Cela induit, de fait, que chacun des ex-époux devra laisser à l'autre la place qui lui revient auprès de l'enfant, puisque ce dernier partage sa vie entre ses deux parents.

Résidence alternée : paritaire ou non ?

Pour certains, peu importe que la répartition entre le temps avec papa et celui avec maman ne soit pas exacte à la minute près. Quand on voit ses enfants un week-end sur deux, il est naturel de compter chaque heure passée ensemble : la rareté des rencontres rend chaque minute très précieuse ! Mais lorsqu'on vit ensemble selon un rythme accepté par tous, ces comptes d'apothicaire n'ont plus lieu d'être.
D'autres, en revanche, sont très à cheval sur la parité. Les associations de pères, par exemple, en font une question de principe. Puisque les droits des parents sont égaux, le partage du temps de l'enfant doit l'être lui aussi : 50 % chez le père, 50 % chez la mère. Pour ces associations, choisir une autre répartition serait aussi absurde que de déclarer : « Tous les hommes sont égaux, mais certains le sont plus que d'autres ». Quantité de

pères sont ainsi sensibles à cette notion de parité. Il est donc préférable dans certains cas, juste après la rupture, d'établir un rythme strictement égal pour éviter tout conflit ou prise de pouvoir d'un parent. Mais ce paritarisme pointilleux risque de faire de la résidence alternée un instrument de revanche et de la détourner ainsi de son objectif principal, celui de donner à l'enfant un accès équivalent à ses deux parents.

Résidence alternée ou droit de visite élargi ?

Prenant au pied de la lettre l'appellation « résidence alternée », certains juges en concluent que l'enfant doit passer exactement 50 % de son temps chez chacun de ses parents. Si, pour une raison ou une autre, cette parité pose problème, les magistrats n'accordent pas la résidence alternée. Ils optent alors pour un « droit de visite élargi », qui leur semble plus approprié. Par exemple, l'enfant vit chez sa mère. Il voit son père du vendredi soir au lundi matin, une semaine sur deux. La semaine sans le « week-end papa », il voit son père deux jours, du mardi soir au jeudi matin. Faites le compte sur une quinzaine de jours. Sur quinze nuitées, l'enfant en passe neuf chez sa mère, six chez son père.

Ça ressemble à la résidence alternée ? C'est exact, voilà un exemple d'alternance parmi d'autres ! Symboliquement, il aurait été préférable de parler de résidence alternée, afin de ne pas induire un sentiment de défaite chez l'un... ou de victoire chez l'autre. Au Québec, par exemple, on parle de résidence alternée dès que l'enfant passe 40 % au moins de son temps chez l'un de ses parents.

Un filet de sécurité : l'enquête sociale

Quand l'un des conjoints désire la résidence alternée, mais pas l'autre, ou que les ex-époux sont à couteaux tirés, le juge doit trancher. Pour se faire une idée plus précise de l'implication parentale des deux adultes et vérifier que l'alternance sera possible, il peut demander une enquête sociale. Effectuée autrefois par des personnes de bonne volonté, comme des gendarmes à la retraite, elle est assurée, aujourd'hui, par un psychologue ou un travailleur social. Elle s'étale sur trois-quatre mois, et permet au professionnel de définir les conditions dans lesquelles vivra l'enfant. Quel est l'entourage de chaque parent (beaux-parents, amis, famille proche) ? Quel est l'état des relations entre l'enfant et son parent ? Quelle place chaque parent laisse-t-il à l'ex-conjoint auprès de l'enfant ? Existe-t-il des tensions ? Quelles sont les ressources de chacun ? etc. L'enquête terminée, le rapport est remis au juge, qui dispose ainsi d'éléments nouveaux pour statuer. Quelques mois plus tard (cinq à neuf mois après le premier rendez-vous avec le juge), les parents retournent au tribunal.

Que faire, en cas de conflit ?

Conflictuelle, la situation l'est souvent, au moment de la séparation. Un « démariage » sans cris ni souffrance, où les ex-époux deviennent les meilleurs amis du monde, c'est plutôt l'exception qui confirme la règle. D'ailleurs, on estime qu'un divorce sur cinq est conflictuel... Et ce chiffre ne compte pas les cas de divorces qui tournent mal après le passage devant le juge.
Certains disent que la résidence alternée n'est possible qu'entre parents qui s'entendent à peu près. Mais c'est un argument dangereux. L'adulte opposé à la résidence alternée peut très bien déclarer : « On n'a aucune communication, avec mon ex-conjoint ! », pour couper court à toute idée d'alternance. Cela reviendrait à donner une prime au parent belliqueux. Il faudrait, au

contraire, récompenser le parent « apaisant », qui facilitera les contacts entre l'enfant et son ex-conjoint... Quitte à se trouver, ensuite, contraint de partager le quotidien de l'enfant avec l'autre parent. Une forme moderne du jugement de Salomon, au fond. Toute la difficulté du travail du juge est là : repérer si l'un des adultes met des bâtons dans les roues de l'autre.

L'alternance à l'essai

Si le juge repère une entrave au droit de visite d'un des parents, ou une mauvaise volonté telle qu'elle mène à coup sûr l'ex-couple dans une impasse, il peut imposer une résidence alternée pour une période donnée, par exemple six mois. Parfois, c'est la seule solution pour calmer le jeu. Au moins, personne ne sortira du tribunal en criant : « J'ai gagné ! » Après ces mois d'essai, le juge revoit les parents. Suivant la façon dont chacun s'est comporté, il décide ou non de pérenniser le système. S'il constate que les enfants ne tirent aucun bénéfice de cette organisation, que les parents sont à deux doigts de s'écharper, ou que l'un d'entre eux cherche la guerre à tout prix, il peut modifier la résidence de l'enfant. Les deux foyers reviennent alors au système traditionnel, avec la résidence principale accordée au parent qui s'est montré le plus apte à permettre l'accès de l'enfant à l'autre parent.

L'essentiel

- Depuis mars 2002, la loi autorise l'enfant à vivre en alternance chez sa mère et chez son père.

- Les juges aux affaires familiales accordent diversement la résidence alternée. Pour s'assurer que ce mode de garde répond à l'intérêt de l'enfant et connaître ses futures conditions de vie, ils demandent parfois une enquête sociale.

- Le juge aux affaires familiales peut imposer une résidence alternée « à l'essai », durant quelques mois, s'il sent des tensions dans le couple.

Chapitre 3
L'enfant dans la tourmente du divorce

Le principal intéressé vit une période très agitée. Il est en proie à une foule de sentiments déstabilisants et contradictoires. Et sa parole sur la séparation parentale n'est jamais anodine.

Le conflit, toujours dévastateur

L'enfant d'un couple désuni redoute par-dessus tout les disputes entre ses parents. Il se bouche les oreilles ou s'enferme dans sa chambre pour en fuir les échos. Il a raison. En effet, de nombreuses études ont signalé que le conflit entre les parents joue un rôle important dans l'apparition de troubles psychiques chez l'enfant. S'il existe des perturbations, après le divorce, elles sont surtout liées aux disputes dans la famille, avant la séparation. D'ailleurs, il n'y a pas de différence notable entre les enfants vivant avec leurs deux parents et ceux dont les parents se sont séparés sans s'envoyer les assiettes à la figure. Un résultat rassurant... ou inquiétant, selon l'état des relations avec son ex-conjoint.

Au cœur du conflit

En cas de tension dans l'ex-couple, la résidence alternée place l'enfant au cœur du conflit, là où la traditionnelle résidence monoparentale le transformait en otage d'un des parents. Quelle est la place la plus enviable, pour l'enfant? Aucune, évidemment. L'enfant est dans une situation inextricable: passer d'un parent en guerre à un autre parent en guerre. Comment continuer à aimer ce père qui fait tant souffrir maman? Et continuer à aimer cette mère qui détruit tant papa? Pris en étau, entre ses parents, il se sent coupable d'aimer les deux, coupable de ne rien pouvoir faire pour réparer le couple, et anéanti à l'idée de devoir prendre parti.

Les sentiments de l'après-divorce

Au moment de la séparation les émotions se bousculent dans la tête d'un enfant. Ne vous étonnez pas s'il éprouve :

• **La peur de l'abandon.** « Puisqu'ils ont arrêté de s'aimer, peut-être feront-ils pareil avec moi ? » Il peut à l'occasion vérifier la solidité du lien… et des nerfs de ses parents ! Les adolescents par exemple sont experts pour tester les capacités de résistance de la relation aux parents. Pendant des semaines, ils malmènent ce lien. Jusqu'au jour où ils sont rassurés : si l'amour des parents a résisté à une complète série d'épreuves, c'est qu'il rentre dans la catégorie « inoxydable ». Ouf !

• **Le conflit de loyauté.** « Je m'occupe du parent le plus fragile, et ne lui dis rien du plaisir que j'ai avec l'autre. » C'est un sentiment très fréquemment éprouvé, qui empoisonne à mi-temps la vie de l'enfant. Il s'interdit d'être heureux ailleurs que chez le parent qu'il considère comme le plus faible. Mais en même temps, il est conscient d'être injuste envers l'autre parent.

• **De la culpabilité.** « Je suis tellement dur que c'est de ma faute s'ils se sont séparés. » S'imaginer avoir occupé un rôle actif dans la rupture permet à l'enfant de penser qu'il pourrait aussi agir sur la réconciliation de ses parents : il peut réparer ce qu'il a cassé. C'est une façon de soigner sa douleur. On souffre moins, quand on se sent acteur et non spectateur des événements pénibles.

• **Du déni.** « Mes parents ont divorcé, mais je sais qu'ils vont se remettre ensemble. » Un fantasme de réconciliation fréquent, qui fonctionne en binôme avec le sentiment de culpabilité. Il se nourrit d'une miette de vérité : il existe des couples divorcés qui finissent effectivement par se remettre ensemble. Mais ce sont des cas marginaux.

• **De la parentification.** « Je suis parent à la place de mes parents, trop englués qu'ils sont dans leur souffrance ou leurs problèmes. » L'enfant se comporte ainsi avec le parent resté seul : il devient son confident, décide des menus ou des activités du week-end, s'occupe de ses frères et sœurs, et prend la place symbolique du parent qui est parti. Ainsi, on dit que les enfants de divorcés sont souvent débrouillards. Mais certains n'ont pas le choix. Ils seraient sûrement ravis de vivre une vie d'enfant plus insouciante, c'est-à-dire tout à fait de leur âge !

Une parole sous influence

Interroger l'enfant sur ses sentiments concernant les suites du divorce est un vrai casse-tête pour les juges. S'il entretient des relations harmonieuses avec ses deux parents, l'enfant est si loyal qu'il lui est impossible d'avantager un parent aux dépens de l'autre. Il sert alors à ses interlocuteurs un discours stéréotypé qui ne trompe personne. Mais au moins, cette parole politiquement correcte ne l'engage pas ! Quelle que soit la nature du conflit entre adultes, l'enfant s'efforce de rester sur le banc des spectateurs et non sur celui des arbitres. Comment ne pas respecter ce souci de neutralité ?

Manipulé ?

Quelquefois, l'un des parents va exercer une pression telle sur l'enfant que ce dernier aura du mal à rester impartial. Parfois, c'est inconscient de la part du parent, parfois non. Il suffit de petites phrases banales pour empoisonner le lien avec l'autre adulte : « Quand je pense au mal que ta mère nous a fait », « Si ton père n'était pas parti, j'aurais de quoi t'acheter une console de jeux ». L'emploi du terme « nous » place l'enfant et le parent resté seul sur un même plan : ce sont eux les victimes. Et le coupable est tout trouvé...

Principal intéressé, mais pas décideur

Permettre à l'enfant de parler de la séparation, de sa douleur ou de ses interrogations sur le futur est très positif. Mettre des mots sur les maux facilite la cicatrisation. Mais il y a un risque : l'enfant peut s'imaginer que sa parole est déterminante pour la suite du jugement. Imaginez la pression de l'enfant qui se voit comme l'arbitre de la séparation parentale... Pour évacuer ce danger, le jugement est prononcé par un tiers. C'est en effet le juge aux affaires familiales qui tranche. Ce doit être dit et répété à l'enfant, pour le libérer d'un poids qu'il n'a pas à porter. En aucun cas.

Recueillir la parole de l'enfant

La loi n'oblige pas le juge aux affaires familiales à recevoir l'enfant. Pendant des années, elle imposait d'entendre l'enfant de plus de 13 ans. Depuis 1993, la condition n'est plus liée à l'âge, mais à la capacité de discernement de l'enfant. Ce qui laisse les juges libres d'interpréter cette notion comme ils le veulent. En Suisse, les enfants sont entendus dès l'âge de 5 ans; ils sont jugés assez matures pour cela. En France, il n'y a plus d'âge seuil. Si une fratrie souhaite rencontrer le juge, ce dernier recevra aussi bien l'adolescent de 12 ans que sa sœur de 7 ans. Cela dit, tous les enfants qui souhaitent rencontrer les magistrats sont reçus, bien entendu. Mais ces rencontres vont forcément peser dans la balance, au moment du jugement. C'est pourquoi certains juges aimeraient, s'ils en avaient le temps, recevoir tous les enfants concernés par un divorce, pour les entendre et leur expliquer le jugement. Dommage que les tribunaux soient si embouteillés... D'autres préfèrent ne recevoir aucun enfant. D'abord, ils ne se sentent pas experts pour recueillir cette parole si particulière. Ensuite, ils savent que l'audition de l'enfant pèsera dans leur décision finale. Pour ces derniers, ne recevoir aucun enfant, c'est s'efforcer de rester le plus objectif possible face à la séparation des adultes.

L'essentiel

- C'est le conflit entre les parents, davantage que la séparation, qui peut provoquer des troubles psychiques chez l'enfant.

- L'enfant vit une série d'émotions complexes et passagères comme la peur de l'abandon, le conflit de loyauté, le déni ou la culpabilité.

- Recueillir la parole de l'enfant est compliqué et parfois pernicieux : il ne doit pas avoir le sentiment que ce qu'il dit est décisif pour la suite du jugement.

- L'enfant peut être auditionné par le juge aux affaires familiales, s'il le souhaite. Mais les juges reconnaissent qu'ils ne sont pas forcément experts pour écouter les plus jeunes.

Chapitre 4
Les atouts de la résidence alternée

La résidence alternée permet à l'enfant d'être entouré et élevé par ses deux parents. Et pour les adultes ? C'est un bon moyen de rester parent, sans négliger sa vie personnelle.

Les bienfaits pour l'enfant

⇨ La double lignée, une nécessité

Préserver les liens avec les deux branches de l'arbre généalogique de l'enfant est essentiel à sa construction. Se verrait-on s'occuper de son potager en n'arrosant qu'une rangée sur deux ? Ça paraîtrait absurde. C'est pourtant ce que vivent des enfants de divorcés qui ont perdu de vue leur père. Un enfant qui grandit ainsi souffre du « syndrome du héron » : il est élevé sur un seul pied, une seule lignée... Et il risque de tanguer d'ici quelques années! Quel que soit l'état des relations entre ses parents, l'enfant a besoin d'aimer son père et sa mère pour bien grandir. Il ne doit pas avoir à renier une partie de ce qu'il est, ni douter de l'amour de sa mère, sous prétexte qu'il est le portrait craché de son père et que ce dernier a fait souffrir sa mère au moment de la séparation.

La vie à mi-temps chez ses deux parents laisse l'enfant libre de faire pousser ses racines maternelles et paternelles. Il se construit en respectant ce double héritage.

⇨ À deux, pour construire l'identité sexuée de l'enfant

On ne naît pas garçon ou fille, on le devient, pourrait-on dire. Bien sûr, les bébés ne naissent pas « neutres ». Mais la construction de l'identité sexuée d'un enfant n'est pas achevée à la sortie de la maternité! Les enfants connaissent leur appartenance de genre vers 2 ans et demi. Si par exemple on demande à des enfants de mettre ensemble des photos de magazines montrant des garçons et des filles, puis qu'on les prend au Polaroïd en leur demandant de se classer dans un des groupes, les résultats sont édifiants: à 2 ans, à peine plus de la moitié des enfants donne la bonne réponse; à 2 ans et demi, ils sont 75 %, et, à 3 ans, 95 %. Mais

cette appartenance de genre est encore assez floue : à 3-4 ans, il n'est pas rare d'entendre des petits garçons envisager sérieusement de devenir une maman, ou des filles affirmer qu'elles seront un bon papa...
Le père et la mère vont contribuer ensemble à construire l'identité sexuée de l'enfant. Face à un garçon, le père sert de modèle identificatoire et, face à une fille, il incarne l'idéal de l'autre sexe. C'est l'inverse pour la mère, qui sert de modèle à sa fille et d'idéal féminin au garçon. Avoir ses deux parents sous la main permet à l'enfant de vivre avec chaque adulte ces relations spécifiques.

⇒ Deux parents différents

Pères et mères ne sont pas interchangeables, dans la tête des enfants. Le père n'est pas une mère bis, comme quelques-uns auraient bien aimé le faire croire dans les années 70. Mais il n'est pas là non plus seulement pour dire « non ». Père et mère ne donnent pas le biberon de la même manière : leur odeur et leur corpulence sont différentes, et le bébé le ressent. De même, les parents ne parlent pas à l'enfant, ne jouent pas avec lui de façon identique, et le grondent différemment. Ces manières de faire ne sont ni mieux ni moins bien, selon qu'on s'appelle papa ou maman. Elles ne sont pas semblables, tout simplement. Et ça tombe bien, car l'enfant a précisément besoin de ces différences pour grandir !

⇾ Un père différencié et impliqué

Quantité d'études ont signalé combien il est profitable, à l'enfant, de disposer de deux parents présents et différents. Jean Le Camus, professeur de psychologie à l'université de Toulouse, a beaucoup travaillé sur les relations père-enfant. Le père a traditionnellement une double fonction, celle de permettre à l'enfant d'intégrer la loi et de participer à la construction de son identité sexuelle. Quelques exemples, pris au hasard des recherches, montrent l'importance de cette implication paternelle. Très tôt, les tout-petits y sont sensibles. Dès 4 mois, les bébés adressent plus de signes positifs, comme le sourire, et moins de signes négatifs, comme les pleurs, à un père impliqué qu'à un autre, pas ou peu impliqué. Le père a un rôle précoce à jouer, mais aussi un rôle spécifique. Une étude sur des bébés nageurs de 1 an, accompagnés dans l'eau par leurs deux parents, note que la seule différence notable entre les attitudes des adultes porte sur la stimulation sociale. Plus que leurs compagnes, les pères tournent les enfants vers les autres bébés présents dans l'eau.

De plus, le père apporte aussi une aide particulière à la construction du langage. Il utilise plus volontiers que la mère un vocabulaire technique. Il dira: «C'est un 4 x 4», plutôt que: «C'est une voiture», et il demandera davantage à l'enfant de reformuler ces baragouinages. Résultat? Là où la mère comprend à demi-mot son enfant, le père se montre plus exigeant. Il oblige ainsi l'enfant à enrichir son langage pour être mieux compris par son entourage. Enfin, dans les jeux de problèmes, tels que les puzzles, le père se montre plus taquin, plus déstabilisateur et moins «félicitant» que la mère. En l'obligeant à inventer des solutions différentes de celles qu'il trouverait en présence de la mère, le père aide l'enfant à progresser... On aura compris tout le profit que l'enfant peut tirer de ce père impliqué et différent de la mère.

⇒ Deux styles de vie

La résidence alternée, ce sont deux quotidiens et deux cultures familiales différentes. D'un côté, c'est souvent la vie en tribu, entouré de cousins, copains, etc. De nombreux pères adoptent cette solution. Pendant les vacances, mais également durant l'année, c'est plus simple de partager le quotidien avec d'autres familles, voire d'autres papas séparés, accompagnés de leurs enfants, plutôt que d'organiser les repas, les allers-retours à la plage et la douche du soir, seul face à une poignée d'impatients. Chez sa mère, l'enfant peut continuer une vie plus resserrée autour de la sphère familiale proche, telle qu'il la vivait avant la séparation. Dans les deux cas, c'est l'occasion de réinvestir les grand-parents, qui ne demandent souvent que cela. Un relais très précieux, au moment où le moral parental joue les montagnes russes. À ce titre, les grand-parents deviennent bien souvent le troisième référent de l'enfant, quand ils ne l'étaient pas déjà.

⇾ « Mon parent pour moi tout seul »

L'enfant profite davantage du parent présent. Il est plus aisé, pour un adulte, d'être disponible après une semaine en solo, qu'après huit jours de courses, de travail et de devoirs sans souffler... Les mères, jusque-là surchargées par ce quotidien dévorant, trouvent plus facilement le temps de profiter des enfants, sans s'inquiéter de l'heure de fermeture de la supérette. Parfois, même, c'est l'occasion pour l'enfant de redécouvrir le parent le moins présent dans la « vie d'avant » (souvent le père). De nombreux papas, aujourd'hui en première ligne, avouent qu'ils ne s'étaient pas souvent retrouvés seuls à organiser la journée des enfants, sans leur ex-compagne à proximité.

Après les jours de tourmente liés à la séparation, ce parent présent à 100 % permet de se reconstruire. Mais cette disponibilité totale n'aura qu'un temps, celui du célibat de l'adulte.

⇒ Famille recomposée à mi-temps

Souvent, les parents divorcés refont leur vie. Sur cent enfants de parents divorcés, quatre-vingt-cinq voient leurs parents se remettre en couple. Pour ces familles recomposées, la résidence alternée aide à faire passer la pilule. Elle permet aux enfants du premier mariage de ne pas se sentir en surnombre ou simples visiteurs dans le nouveau foyer parental. C'est surtout vrai pour les enfants dont le père, remarié, disposait jusqu'alors d'un droit de visite traditionnel. Le père vit avec les enfants de sa nouvelle compagne, d'accord, mais il partage aussi la moitié de son quotidien avec ses propres enfants. Lesquels n'ont pas le sentiment qu'on leur « vole » leur papa.

⇒ On n'est pas divorcé de père en fils !

Une étude menée en France sur les relations entre le divorce de ses parents et les risques de divorcer soi-même montre qu'il existe une certaine reproduction des modèles. En effet, l'étude révèle que près d'un quart des enfants de parents divorcés divorceront eux-mêmes, arrivés à l'âge adulte, contre seulement 13 % des enfants qui ont grandi avec leurs deux parents. La résidence alternée, qui respecte davantage la place de chaque parent auprès de l'enfant, permettra-t-elle de rompre ce cercle vicieux? C'est encore trop tôt pour le dire. Mais on espère que les enfants de divorcés, vivant aujourd'hui en résidence alternée, ne deviendront pas les divorcés de demain...

⇨ Une meilleure image de soi

La séparation des parents a-t-elle une influence psychologique sur l'enfant? L'enfant du divorce a une moins bonne estime de soi, signale une enquête réalisée auprès de collégiens du département de l'Isère. Le niveau d'estime de soi de l'enfant était analysé à partir d'un questionnaire comprenant une soixantaine de propositions, telles que: « Mes parents me comprennent »; « Je plais facilement »; « Je cède facilement aux autres »; « On ne me fait jamais de reproches »...

La bonne surprise? Les enfants en résidence alternée obtiennent un meilleur score que celui des enfants en garde traditionnelle. Cette différence s'explique par la régularité des relations entre le père et l'enfant, fondamentale pour construire une fonction paternelle solide. Celle sur laquelle l'enfant s'appuie pour s'épanouir.

→ Éviter le piège œdipien

De 3 à 6 ans, l'enfant est en pleine phase œdipienne. Il regarde le parent du même sexe que lui comme un rival. En même temps, il voudrait profiter du parent du sexe opposé pour lui seul. Tous les parents ont leur lot de grandes déclarations d'amour (ou de désamour !) : tantôt le petit garçon conseille à papa d'aller dormir dans le garage, tantôt la fillette décide de supprimer maman pour « libérer » la voie et se marier avec papa. Avant la séparation, la présence de l'autre parent permet de vivre les jeux physiques, les chatouilles et autres câlins, en toute innocence avec ses enfants. Mais après le divorce, seul face à sa fille qui voudrait bien dormir dans son lit, le père peut être embarrassé. De même, la mère peut se trouver gênée par les câlins réclamés par son fils. Ces moments d'intimité se teintent d'une tonalité qu'ils n'avaient pas jusqu'alors. Pour l'enfant aussi, c'est une période troublante : il se sent coupable. En effet, ce qu'il souhaitait et redoutait à la fois est arrivé : il a son parent du sexe opposé pour lui tout seul ! La résidence alternée, en obligeant à faire une pause dans cette intimité parfois encombrante, permet de (re)trouver la bonne distance entre l'enfant et son parent de l'autre sexe. Elle n'empêchera pas l'enfant de vivre cette phase essentielle à son développement psychique.

Mais elle évitera au petit garçon de se sentir l'homme de la maison, comme elle permettra à la petite fille de ne pas devenir une « ménagère de moins de 5 ans ».

Les avantages pour les parents

➾ Ni principal ni secondaire

Avec la résidence alternée, il n'y a pas un parent principal et un autre secondaire. Or, ces sentiments de hiérarchie, voire d'exclusion, entre parents, ont été maintes fois éprouvés par les parents « non gardiens » : difficile d'avoir son mot à dire sur le choix de l'activité sportive, sur un week-end chez la meilleure copine, sur des résultats scolaires en dérapage constant, quand on voit ses enfants quelques heures par mois. La résidence alternée rappelle que les droits et les devoirs des deux parents sont égaux devant l'intérêt de l'enfant.

➾ Laisser à l'autre la place d'exister

Choisir la résidence alternée revient à prôner la coéducation : cet enfant que l'on a fabriqué à deux, c'est aussi à deux qu'on l'élève. La coéducation est évidemment plus facile à faire quand l'enfant partage son quotidien à part plus ou moins égale entre ses deux parents. Il prend l'habitude de s'adresser aussi bien et autant à l'un qu'à l'autre adulte. Mais cela signifie qu'il faudra laisser au « coparent » la place qui lui revient. Un parent ne pourra donc pas être tout pour son enfant, à la fois son père et sa mère. Et si on trouve que les menus de l'autre sont un peu répétitifs (riz et pâtes en alternance), que l'ex-conjoint est trop désordonné, que les enfants se couchent plus tard que chez soi ou qu'ils ne mettent plus le couvert à leur retour ? Si tout cela reste dans des limites acceptables, on a droit de le penser très fort, mais autant s'abstenir de le dire... Sinon, le conflit pointera son nez sans tarder !

⇒ Réinvestir sa vie d'adulte

Grâce à l'alternance, on est parent à temps partiel, mais adulte à temps plein. Les premières semaines, cette liberté semblera bien malvenue. Les ex-époux, secoués par la rupture et déchirés par le fait d'être séparés de leur enfant, sont à mille lieues de se préoccuper de leur vie sociale ou sexuelle. C'est une période sans envie ni désir. On la traverse plus souvent avec un mouchoir à la main qu'avec une coupe de champagne.

Mais cette époque ne dure pas. Tôt ou tard, l'énergie revient. Le nouveau rythme de vie permet de réinvestir sa vie personnelle, plus facilement que lorsqu'on doit téléphoner d'urgence à la baby-sitter à chaque rendez-vous amoureux. Plus simplement, aussi, qu'avec une paire d'espions à domicile, qui vous harcèle jusqu'à la salle de bains pour savoir pourquoi vous mettez ce jean pour sortir, et qui reprend son contre-interrogatoire le lendemain. Redonner à sa vie d'adulte la place qu'elle mérite évite de faire penser à l'enfant qu'il est l'unique raison de vivre du parent resté seul. On tient ainsi à distance les risques de fusion parent-enfant, une des conséquences fâcheuses de l'après-divorce.

⇨ Un père présent, un rempart contre les dérives sexuelles

Parfois, ceux qui ne sont pas habitués à cette présence paternelle très précoce auprès des plus jeunes s'inquiètent. Comment un père, qui a multiplié les contacts physiques avec un tout-petit (change, bain, etc.), se comporte-t-il plus tard ? Cette proximité physique peut-elle engendrer des abus sexuels ? Des travaux américains ont montré, au contraire, qu'il y avait davantage d'abus sexuels chez les pères non impliqués que chez les pères impliqués. La présence précoce auprès de leurs enfants diminuerait donc les risques de passage à l'acte, comme s'il était impossible de poser un regard sexuel sur un enfant qu'on a baigné, nourri, bercé, etc.

L'essentiel

- L'enfant a besoin de ses deux parents pour s'épanouir et pour construire son identité sexuée.

- Les deux parents ne sont pas interchangeables, pour l'enfant : il a besoin de deux parents impliqués mais différenciés l'un de l'autre pour progresser.

- L'alternance rappelle que l'enfant qu'on fabrique à deux doit aussi être élevé à deux.

- L'alternance permet aux adultes de réinvestir plus rapidement leur vie personnelle.

Chapitre 5
Risques du système et ingrédients de base

La résidence alternée est une idée séduisante… À condition de mettre tous les atouts de son côté et d'analyser les raisons qui ont amené à envisager ce mode de vie.

Les points à méditer

Mieux vaut se sentir prêt à accepter des contraintes et à affronter certaines situations, avant de se lancer.

⇨ Partager la même vie de quartier

Pendant le temps de non-résidence de vos enfants, vous apprendrez par une voisine ou la bouchère que votre fils a une otite, que votre fille a perdu son match de volley. Ou vous apercevrez vos enfants et leur mère, au bras de son nouveau compagnon, dans un train-train qui ne vous inclut pas. Quelquefois, vous aurez le sentiment qu'on vous a remplacée, si la compagne va chercher les enfants à l'école, les accompagne aux compétitions sportives ou assiste aux spectacles de théâtre, à la fête de l'école, etc. Eh oui, on peut se croiser à l'épicerie ou à la piscine à tout moment. Il faut être au clair avec ses sentiments, si on se trouve nez à nez avec son ex-conjoint, un petit matin, devant la boulangerie, avec des croissants à la main..., quand on a été abonné aux biscottes pendant quatorze années de matins communs ! De même, apprendre par ses enfants que leur mère a traversé la Corse à pied est agaçant, si ladite mère s'est toujours déclarée allergique à la randonnée. Il faudra aussi supporter les comptes rendus de ses propres enfants : « Ils roucoulent toute la journée », « On ne les a pas vus de l'après-midi », au moment où sa propre vie amoureuse ressemble à un champ en jachère.

⇨ Supporter une possible entrave dans sa vie

Comment accepter une promotion, si elle oblige à revoir l'organisation de la vie de famille ? Le travail à quatre cinquièmes, ô combien confortable pour les enfants, devra peut-être être abandonné. Changer de

poste, c'est aussi assumer de nouvelles responsabilités et avoir un temps de travail plus proche du 120 % que du regretté 80 %. Dans certains cas, la mutation à deux cents ou six cents kilomètres est un passage obligé pour grimper d'un échelon.
Du côté des rencontres amoureuses, aussi, les questions affluent. Habiter ensemble, tout le monde est d'accord. Mais où ? On ne tombe pas toujours amoureux de son voisin de palier. La nouvelle histoire d'amour obligera peut-être à une migration familiale de quelques kilomètres, voire d'un département ou deux. Toutes ces décisions ne se prennent pas à la légère. Les «*just divorced*» sont bien placés pour savoir que la relation à deux n'est pas garantie à vie contre l'usure et la casse.

⇒ Ne pas rentrer en compétition avec l'autre parent
Personne ne s'en vante, mais la tentation de la surenchère existe pour arriver numéro un dans le cœur de ses enfants. L'ego de l'adulte, malmené au moment de la séparation, a souvent besoin d'être restauré de la sorte. Lequel des deux est le plus souple sur les horaires du coucher, le quota de télévision quotidien, la consommation de haricots verts et de fruits frais, les petits cadeaux mine de rien quand on va au supermarché ? Les enfants, notamment les adolescents, sont assez

malins pour faire jouer la concurrence en leur faveur : « Avec maman, on peut sortir jusqu'à minuit », « Avec papa, la douche, c'est un jour sur deux », et leurs variantes sont des petites phrases communes à 99 % des enfants du divorce...

Les ingrédients de base

Avant de se lancer dans la résidence alternée, vérifiez que la liste est à peu près complète.

⇒ Une proximité géographique

Habiter dans la même rue ? Peut-être pas. Mais c'est quand même pratique si les parents résident dans deux quartiers limitrophes. Les plus petits et les adolescents conservent leurs repères (le square avec les canards, la piscine, les copains), et les adultes ne perdent pas de temps en transport. Ça n'a l'air de rien, mais, à la longue, mettre vingt-cinq minutes, dans un sens, pour déposer ses enfants à l'école, puis autant dans l'autre sens, alors qu'on a la chance de travailler à quelques pas de chez soi, c'est fatigant. Et ça fait cinquante minutes de perdues chaque matin.

⇒ Maintenir en vie le couple parental…

… Même si le couple conjugal n'existe plus. Cela ne signifie pas que les ex-compagnons doivent bien s'entendre. Après un divorce, d'ailleurs, c'est rarement le cas ! Il est vrai que les premiers couples divorcés à avoir testé la résidence alternée, avant mars 2002, s'entendaient plutôt bien. C'était nécessaire, puisqu'aucun cadre juridique ne garantissait la pérennité du système ; ce choix de vie reposait donc sur la seule bonne volonté des deux parties.

Mais aujourd'hui que la loi facilite l'alternance, on peut se contenter d'un degré d'entente minimum pour discuter de l'éducation de l'enfant. À quelle heure éteint-on ? Laisse-t-on la lumière dans le couloir ? Qui l'accompagne chez le médecin ? Qui va à la réunion avec le prof de maths ? On se dit l'essentiel à propos de l'éducation de l'enfant. Et on ne saute pas sur l'occasion pour régler ses comptes amoureux, l'air de rien, à coups de petites remarques : « Elle n'a jamais pu être à l'heure nulle part », ou « Il a le chic pour téléphoner au moment où on passe à table ».

⇒ Une relative disponibilité professionnelle

Les jours de résidence des enfants, il faudra éviter les réunions impromptues qui finissent à point d'heure, les déplacements professionnels à l'autre bout de la France, ou les heures supplémentaires. C'est le moment de repenser son organisation professionnelle et d'instaurer des semaines minces et d'autres plus joufflues.

⇒ Le maintien de l'enfant dans son cadre habituel

Vous changez de vie, mais l'enfant doit garder ses petites habitudes. Avec les adolescents, ce maintien du cadre habituel est souvent la condition *sine qua non* pour qu'ils adhèrent au système. L'enfant en alternance conserve donc la même école ou le même collège. C'est une évidence ? Et pourtant, ça n'a pas toujours été le cas, pour les pionniers de la formule.

L'enfant garde aussi les mêmes copains et les mêmes activités. Puisque ses plaisirs sont préservés, il serait préférable de respecter aussi les contraintes de la vie d'avant, sur la participation à la vie collective, par exemple. Le fait d'avoir des parents séparés n'exonère pas l'enfant des petites tâches du quotidien… Même si les premiers temps de cette nouvelle existence, les parents sont tentés d'arrondir les angles !

⇒ Avoir bien mûri ce projet

Comment en est-on venu à envisager ce mode de vie ? Qui a eu l'idée, le premier ? Connaître les motivations de chacun permet de mieux comprendre ce qu'on attend vraiment de la résidence alternée.

• **Est-ce une envie commune?** Quand on pratique la coéducation, depuis des années, on ne renonce pas à élever son enfant à deux, après le divorce. Pour quantité de couples divorcés, la résidence alternée est la seule solution envisageable. Les ex-conjoints savent faire la différence entre ce qui relève du conflit conjugal et ce qui concerne la future vie de l'enfant. C'est une situation idéale: les adultes ont assez de recul pour repérer l'intérêt de l'enfant, et assez de bonne volonté pour arriver à un accord, sans recourir au bras de fer.

• **Est-on à couteaux tirés?** Opter pour l'alternance se fait aussi pour des raisons diamétralement opposées. On choisit ce mode de vie non parce qu'on s'aime bien encore, mais parce qu'on se déteste! Les adultes sont tellement en conflit que chacun refuse de céder un iota à l'autre. Le seul terrain d'entente possible, c'est de tout partager à 50/50: l'argent, le mobilier et les enfants.
Quand les conjoints sont à ce point en guerre, l'épreuve de force pour savoir qui des deux est le plus fort ne cessera pas le jour où la résidence alternée sera accordée. Il est à prévoir que la vie dans les deux foyers sera

rythmée par les accrochages entre adultes. Le recours à la médiation familiale paraît nécessaire ; parler des dysfonctionnements du couple et analyser les rancœurs jamais digérées permettra d'apaiser les esprits et de retrouver un niveau de communication acceptable *(voir au chapitre 10 « la médiation, dans le concret »).*

• **A-t-on de fausses bonnes raisons ?** Les motivations des adultes qui choisissent la résidence alternée sont complexes. Partout, il est question de l'« intérêt de l'enfant », comme le disent les textes. Mais il existe d'autres arguments, moins avouables. L'alternance, c'est une façon de conserver une relation forte avec l'autre parent, qu'on déteste aujourd'hui aussi fort qu'on l'aimait hier. On clame sur tous les tons qu'on a tourné la page ? Le conflit, même violent, est une manière de prolonger le lien intense qui unit les ex-conjoints. D'autre part, au moment d'une séparation, le parent délaissé a parfois du mal à faire le deuil du couple. Demander de vivre avec l'enfant à mi-temps permet de revoir régulièrement son ex, voire de faire croire à l'enfant que tout pourrait recommencer un jour.
La résidence alternée est enfin, pour quelques parents, une menace brandie pour faire pression sur l'autre, pour obtenir gain de cause sur le partage des biens, sur la

pension alimentaire, etc. Il y a aussi les cas, heureusement peu fréquents, où l'on demande l'alternance uniquement pour contrarier son ex-conjoint.

L'essentiel

- La résidence alternée entraîne souvent une relative transparence dans sa vie amoureuse ou celle de son ex-conjoint. Il faut y être prêt.

- Pour le bien-être de l'enfant, il faut préserver le couple parental, même si le couple conjugal est disloqué. Ce qui oblige à conserver un niveau minimum de communication entre parents.

- Une certaine disponibilité professionnelle est requise pendant le temps de résidence de l'enfant.

- Avant de se lancer, il faut analyser ses motivations profondes : la résidence alternée est-elle un projet commun ? Une solution pour revoir souvent son ex-époux ? Une volonté de contrarier l'autre ? La seule issue possible dans un contexte de crise ?

Chapitre 6
Le bon rythme

Existe-t-il un âge seuil, pour se lancer dans la résidence alternée? Comment un bébé peut-il vivre avec ses parents, à tour de rôle, sans «oublier» le parent absent? Comment l'enfant se repère-t-il entre les semaines avec papa et les semaines avec maman? Les questions affluent...

Les bébés en alternance, un cas particulier

⇒ La naissance de l'attachement

On a longtemps pensé que l'enfant s'attachait à sa mère, un peu comme un animal à son maître: à travers le nourrissage. C'est en partie pour cela que Freud a insisté sur le premier investissement de la libido, qu'il appelait «stade oral». Plusieurs travaux scientifiques sont venus remettre en cause cette idée, à la fin de la dernière guerre mondiale. Tout d'abord, une étude sur les singes macaques rhésus d'un certain Harry Harlow, qui travaillait alors sur les questions de l'apprentissage. Parce qu'il pensait que les petits singes risquaient d'avoir froid, il mit une couverture dans leur cage. Quand il voulut la retirer, les petits singes manifestèrent des signes de détresse. Intrigué par ce comportement, il leur fabriqua deux leurres maternels substitutifs : un, en grillage, qui portait les biberons et nourrissait les petits singes ; le second, en tissu, était là, à disposition, mais ne délivrait aucune nourriture. Il s'avéra que les petits singes passaient le plus clair de leur temps auprès de la « mère en tissu », et délaissaient la « mère nourricière » en dehors de l'heure des repas. En cas de danger, c'est vers la mère en tissu qu'ils se précipitaient. Conclusion ? Les petits singes s'attachaient davantage à la mère à laquelle ils pouvaient s'accrocher qu'à celle qui les nourrissait. Dans la nature, c'est la même maman qui nourrit et à laquelle les petits s'agrippent. Mais l'expérience d'Harlow a permis de distinguer les deux facteurs (nourrissage et agrippement) et montrer celui qui était réellement actif.

⇾ Le besoin de câlins, c'est humain !

À peu près à la même époque, le psychologue John Bowlby s'aperçut que les bébés humains étaient également très sensibles au contact de la mère, y compris en dehors de toute activité de nourrissage. Le bébé ne pleure pas seulement parce qu'il a faim, mais aussi parce qu'il a besoin d'un contact physique avec l'adulte qui s'occupe de lui le plus souvent. Il manifeste toute une série de comportements pour parvenir au maintien de ce contact avec l'autre : il sourit, suit du regard, fait des grimaces. Cela entraîne une réaction d'intérêt, voire d'inquiétude, de la part de la mère, et la maintient en contact avec le tout-petit. On s'est aussi aperçu que des enfants, qui étaient nourris régulièrement et bénéficiaient de conditions d'hygiène normales, ne se développaient pourtant pas bien s'ils n'avaient pas de contact avec un être humain, toujours le même, qui entretenait avec eux un lien privilégié. Ce sont les constatations que fit le psychiatre René Spitz dans certains orphelinats. Les travaux se multiplièrent, vérifiant les hypothèses selon lesquelles l'attachement passe par les multiples contacts physiques entre l'enfant et l'adulte qui est le plus présent auprès de lui.

⇾ L'entrée en scène des pères

Cette évolution de pensée sur la fabrication des liens entre la mère et l'enfant marque l'arrivée du père au premier plan près de l'enfant. Dans une logique de lien fondée sur la seule oralité, le père n'avait aucune chance d'être reconnu comme un personnage essentiel : il pouvait toujours essayer de donner le sein, ça ne marcherait jamais ! Bien sûr, il disposait du biberon pour remplacer le sein maternel, mais ce substitut manquait de panache... Bref, seule la mère pouvait prétendre à une place naturelle auprès du nourrisson, sur une base quasi physique, dans la mesure où le bébé avait besoin d'elle pour se nourrir. Mais les expériences sur l'attachement changent désormais la donne. Puisque le bébé se fonde sur les contacts, le bain de parole, les jeux, le père devient un objet d'attachement tout aussi crédible que sa compagne. C'est donc logique que l'intérêt pour le père se soit développé peu de temps après le succès de cette théorie. Le père est impliqué de façon différente de la mère, pour autant que celle-ci accepte sa présence auprès de l'enfant. On voit parfois des mères qui disent à leur compagnon : « Regarde comment tu le tiens, tu vas lui faire mal ; tu devrais le prendre comme ça. » Le père comprend vite qu'il n'est pas le bienvenu auprès du bébé et ne tarde pas à se faire discret, voire à se désinvestir. Dans le cas inverse où la mère encourage les gestes paternels auprès de l'enfant, le processus d'attachement se développe de la même manière qu'avec elle.

⇒ Le bébé attaché à ses deux parents

Aujourd'hui, les pratiques familiales ne disent pas autre chose : elles ont montré qu'on pouvait être un père très impliqué dans l'éducation des tout-petits. La primauté donnée à la mère est plus souvent dictée par l'habitude sociale que par une absolue nécessité psychique. D'ailleurs, des pères, devenus veufs peu après la naissance de leurs enfants, sont là pour témoigner que cette primauté n'est pas universelle. On admet donc, désormais, que le bébé peut développer plusieurs figures d'attachement principales : sa mère et son père. D'ailleurs, c'est pour cela que la loi de mars 2002 ne fixe pas un âge limite pour la résidence alternée ; tout dépend de la façon dont la relation s'est construite entre l'enfant et ses parents. L'attachement est décidément une question centrale, dans ce débat.

⇒ Le rythme du bébé en alternance, un vrai casse-tête

De nombreux experts s'interrogent sur les effets de la résidence alternée avec un bébé. D'un côté, ils reconnaissent qu'en cas de séparation intervenue très vite après la naissance, mieux vaut ne pas attendre des années avant de tricoter la relation père-enfant. Il ne servirait donc à rien de démarrer une résidence alternée des années après la naissance, si le père et l'enfant n'ont pas fabriqué auparavant des liens forts. Mais, en même temps, favoriser la relation précoce entre le père et l'enfant revient à retirer le bébé à la mère (et inversement), ce qui n'est pas sans conséquence. Le bienfait que l'enfant tire de la proximité avec son père compensera-t-il les effets néfastes de ces multiples séparations ? Quel impact aura l'addition de ces microtraumatismes (les séparations à répétition) sur son développement psychique ? Comment le tout-petit arrive-t-il à récupérer un sentiment de continuité dans la relation et se remet-il de ces pertes d'attachement ? Il est encore trop tôt pour avoir des avis tranchés sur la question. Seules des études réalisées sur un grand nombre d'enfants, analysant dans le détail le vécu du bébé, le contexte familial avant et après la rupture et la qualité du lien qui unit l'enfant à ses deux parents, pourraient nous éclairer.

➾ La mémoire des bébés

Les parents divorcés se demandent souvent quels souvenirs garde le bébé du parent dont il est séparé plusieurs jours. La réponse n'est pas immédiate, car il n'y a pas une mémoire, mais plusieurs. On sait par exemple que certains sons ou certaines odeurs sont parfaitement mémorisés par le nouveau-né. Il reconnaît la voix et l'odeur de sa mère, dès les premiers jours de sa vie.

Rien ne nous dit (et surtout pas le bébé !) qu'il sait que cette voix et cette odeur sont celles d'une mère. Mais son corps, lui, sait les reconnaître. De même, le bébé est apaisé par le rythme cardiaque de cette mère ; là, encore, c'est la mémoire du corps qui le guide. Celle-ci n'a pas grand-chose à voir avec la mémoire de l'adulte, qui s'accompagne de significations. La preuve ? Avant l'âge de 3-4 ans, nous n'avons aucun souvenir. Les raisons sont d'abord physiologiques : pour simplifier, certaines zones du cerveau ne sont pas encore assez matures pour que le processus de mémorisation fonctionne bien. De plus, le langage, encore incertain, rend difficile la conduite d'un récit. On ne se souvient donc pas des événements qu'on a vécus avant 3-4 ans, car on était bien incapable de se les raconter à soi-même ! En revanche, on sait que le corps, lui, se souvient d'une odeur, d'une sensation, etc.

⇨ Quand les repères du bébé changent

Le problème n'est donc pas seulement celui de la mémoire, mais celui des indices qui permettent à l'enfant de ressentir une certaine continuité dans son existence. L'attachement, on l'a vu, nécessite une certaine régularité des contacts. C'est ce qui rassure l'enfant ; il a besoin de cette continuité pour se construire.

Mais alors, un bébé en alternance, qui ne voit pas sa mère pendant quelques jours, l'efface-t-il de sa mémoire ? On ne peut pas dire qu'il l'oublie. Mais il perçoit que ses repères habituels, les repères maternels, ne sont plus là, d'où une incontestable angoisse. Les parents ayant un enfant en crèche ou en nourrice se disent peut-être : « Nous aussi, on se sépare de notre bébé et on l'oblige à s'adapter à de nouveaux repères. Et pourtant, il ne souffre pas forcément de ces ruptures à répétition ! » C'est exact. Les séparations font partie de la vie du tout-petit et de ses parents, et chacun apprend à les assumer. Mais le bébé d'un couple uni vit dans une seule et même maison. Il ne sait pas parler, mais ses sens fonctionnent à plein régime : il a repéré les bonnes odeurs de la maison (le linge, la cuisine, le parfum de ses parents), les bruits familiers (le camion poubelle, les enfants du voisin) et a identifié cet univers comme le sien. Ensuite, et surtout, il vit entouré simultanément de ses deux parents, ses figures d'attachement principales. Le bébé en résidence alternée, lui, devra faire preuve de grande souplesse : selon qu'il vit chez son père ou chez sa mère, il lui faudra transférer sur l'un ou sur l'autre ses repères habituels. Un changement perpétuel bien compliqué, pour un tout-petit dont la continuité dans les repères, les émotions, les habitudes, etc., est pourtant essentielle à sa construction. Bien sûr, un tout-petit sait s'adapter. Tous les parents qui ont voyagé avec leur bébé, ou tous les grand-parents qui ont dépanné leurs enfants en gardant leur bébé, savent que ce dernier finit toujours par retrouver ses marques, même s'il lui faut, parfois, un jour ou deux pour poser sa mini-valise. Mais c'est la répétition dans la rupture des rythmes et l'addition des séparations qui questionnent les experts.

→ Opter pour des séparations courtes

De nombreux pédopsychiatres préfèrent faire jouer le principe de précaution et protéger les bébés d'allers-retours néfastes pour leur développement. Troubles du sommeil, de l'alimentation ou de l'humeur, l'enfant ne tarde pas à manifester son malaise à sa façon, c'est-à-dire en somatisant, le plus souvent. Pour les tout-petits, il semble réaliste de ne pas envisager d'emblée une résidence alternée paritaire. Mieux vaut laisser le bébé vivre dans un seul et même lieu, et introduire l'alternance à petites doses. Le professeur Berger, pédopsychiatre au CHU de Saint-Étienne, propose un système où c'est au père de venir rendre visite à son bébé, par exemple deux ou trois fois par semaine, par tranche de trois-quatre heures, et ce jusqu'à l'âge de 1 an. Au-delà, ces règles de vie peuvent s'assouplir, et le petit peut commencer à passer deux nuits de suite ailleurs que chez sa mère. C'est difficile de fixer des rythmes de vie valables pour tous… Dans tous les cas, l'alternance entre les parents devra se faire par étapes : puisque le bébé n'est pas encore soumis aux contraintes scolaires, les parents peuvent instaurer un système de six jours avec la mère, deux jours avec le père, puis cinq jours-trois jours quand l'enfant grandit, par exemple. C'est avec ces précautions que l'enfant peut se construire, sans se soumettre à des adaptations nombreuses et épuisantes. Et sans être tiraillé entre ses deux parents.

⇒ Poser des garde-fous

Quelle que soit la formule adoptée, il faut espérer que chaque parent y mettra du sien pour respecter cette organisation contraignante. L'est-elle plus pour les parents et moins pour l'enfant ? Le système, où le bébé vit dans un seul et même lieu, aide-t-il l'enfant à mieux s'y retrouver, sans ces va-et-vient perpétuels ? Là encore, les questions restent sans réponse. Il faut avouer que les tout-petits en résidence alternée sont les pionniers d'un système encore mal rodé aux cas particuliers. Et les nourrissons en sont un, assurément.

Pour plus de sécurité, il serait prudent de systématiser la médiation familiale pour toute demande de résidence alternée avec un bébé. L'idéal, pour le juge aux affaires familiales, serait de fixer la date de la prochaine audience en même temps qu'il enjoint les parents à cette médiation familiale. C'est impossible de forcer les adultes à se lancer dans une démarche qui doit rester consentie. Mais ce serait une manière efficace de les motiver et de rappeler que le juge espère mesurer les effets de cette médiation lors de la prochaine audience… Il est aussi possible de recourir à un outil d'aide à la décision, comme l'enquête sociale. Ces deux mesures d'accompagnement pourraient aider les adultes à élaborer d'autres réponses que le seul conflit, quand la souffrance, la colère ou le ressentiment empoisonnent les relations parentales. Avec un bébé, qui n'a pas les mots pour exprimer son mal-être, on n'est jamais trop prudent.

Adapter la fréquence à l'âge de l'enfant

L'enfant a un rythme biologique constitué d'éléments – les rites du quotidien, les odeurs du linge, la façon de cuisiner, les jouets, le lieu qu'il habite, etc. – dont il se sert pour se repérer. Cette horloge biologique se cale au bout de quarante-huit heures environ. Un enfant qui voit son père un week-end sur deux n'a donc pas le temps de s'installer dans cette relation et de digérer la séparation d'avec la mère, qu'il lui faut déjà repartir. Ce type d'enfant est souvent patraque, victime de rhinopharyngites ou d'otites à répétition. Sa mère dira : « À chaque fois qu'il revient de chez son père, il est malade. » Mais, pour n'importe qui, y compris des adultes, une telle vie serait fatigante : les parents soumis à de fréquents déplacements professionnels sont bien placés pour le savoir ! C'est tout l'intérêt de la résidence alternée : elle donne le temps à l'enfant de s'installer dans la durée et de trouver son rythme chez papa, puis chez maman.

• **À l'âge de la maternelle,** l'enfant, accompagné par le parent présent, aidé d'un calendrier et de gommettes, peut tout à fait se repérer sur le temps passé chez l'un, et celui qui reste avant de retrouver l'autre parent. Il peut visualiser sur le calendrier les jours déjà écoulés et ceux à venir. Mais il a encore du mal à appréhender les notions de temps : « Bientôt, c'est dans longtemps ? » Une interrogation, en effet, assez fréquente pour un enfant en moyenne ou grande section. Surtout s'il cherche à savoir quand il reverra son père ou sa mère...

• **À l'âge du primaire,** l'enfant a intégré ce dont il a besoin pour conceptualiser la résidence alternée : les notions de temps (la semaine, la journée, hier, aujourd'hui, demain), l'arithmétique (il reste x jours, avant de retrouver papa ou maman) ; il dispose, en outre, d'un langage suffisamment abstrait pour mettre des mots sur ses émotions. Pour les plus grands (CM1 et CM2), le groupe de copains est un soutien important, qui contribue à dédramatiser ce mode de vie particulier. Le rythme d'une semaine chez l'un, une semaine chez l'autre, est fréquemment adopté, et bien accepté. Pour les plus jeunes, certains parents préfèrent de plus petites séparations, d'une demi-semaine, par exemple.

• **Avec les adolescents,** souvent allergiques aux contraintes fixées par les parents, on peut se permettre d'étendre les périodes chez le père ou chez la mère. Des rythmes de quinze jours-quinze jours sont alors très acceptables. L'adolescent n'a pas besoin de transporter son univers en kit (ses CD, sa console de jeux, son portable, son journal intime, etc.), d'un lieu à l'autre, chaque semaine. Il faudra probablement compter avec des allers-retours chez le parent où il ne réside pas, pendant la quinzaine, pour récupérer quelques affaires oubliées. Il faudra aussi prévoir de réviser le rythme, notamment en cas d'accrochages répétés; ils signalent que la fréquence choisie, décidée devant le juge, n'est plus adaptée à la vie actuelle de l'adolescent.

Chacun son rythme

⇨ Les petites coupures

La semaine coupée en rondelles est assez fréquente. Le rythme s'articule autour de jours de résidence fixes, chez le père ou chez la mère. Par exemple: lundi et mardi, c'est toujours avec papa; jeudi et vendredi, toujours avec maman. À ces jours fixes, on accole des jours «flottants»: le week-end et le mercredi, l'enfant va, tour à tour, chez l'un ou l'autre de ses parents. Concrètement, voilà ce que cela donne: du samedi au mardi, l'enfant est chez son père. Le mercredi, il va chez sa mère, et y reste jusqu'à la fin du week-end. Lundi et mardi, il est chez son père, comme d'habitude. Mercredi, jeudi et vendredi, il habite avec sa mère. Puis il retourne chez son père pour le week-end, et le lundi et le mardi. Et ainsi de suite... L'avantage? Les rendez-vous chez les parents ont lieu en partie les mêmes jours de la semaine. Quelle que soit la semaine – courte ou longue –, chez l'un ou l'autre, le lundi, c'est toujours

chez papa, et le jeudi toujours chez maman. C'est pratique pour tout le monde, car l'enfant a des repères stables. Il sait qu'à la sortie de la piscine, le lundi soir, c'est toujours son père qui vient le chercher. De même, c'est toujours sa mère qui le récupère après le cours de musique du jeudi.
Les parents, aussi, sont gagnants. Pour prévoir des déplacements professionnels ou des rendez-vous chez le spécialiste, à long terme, il n'est pas nécessaire de savoir s'il s'agit d'une semaine avec ou sans enfant. Les lundis ou les jeudis, dans cet exemple, sont deux jours systématiquement avec enfant. Accessoirement, cet emploi du temps, en partie fixe, permet aux parents d'avoir tout au long de l'année la même soirée libre, chaque semaine. C'est très commode pour prendre des cours du soir ou pour s'inscrire à des activités de loisirs.

⇒ Une semaine chez l'un, une semaine chez l'autre

Le rythme de vie le plus fréquent est calé sur la semaine. Chaque famille a ses habitudes. Il y a les classiques, où l'on se sépare chaque fin de week-end. Mais ce changement d'équipe du dimanche soir ne satisfait pas tout le monde : pour beaucoup, c'est la déprime assurée dès le matin, pour finir, à 15 heures, avec un nœud dans l'estomac ou dans la gorge. Pour éviter ces dimanches cafardeux, où l'idée de la séparation hante les esprits toute la journée, on peut caler les séparations sur le rythme scolaire. Après tout, la vie de l'enfant est programmée autour de l'école, donc ce choix n'a rien d'étonnant. Par exemple, on se quitte, l'air de rien, le mardi matin, devant la porte de l'école. Et tout le monde se retrouve, une semaine plus tard, au même endroit, après une journée en classe. Pour ceux qui n'ont pas école le mercredi (et pour les adultes qui bénéficient de la RTT...), la semaine débute sur une journée entière avec le parent qui commençait à manquer. Cette formule est aussi valable, avec les mêmes avantages, pour des séparations fixées le vendredi soir. La nouvelle semaine démarre par deux jours de liberté: chacun déguste le plaisir des retrouvailles et reprend ses marques avant de reprendre le quotidien, à l'école ou au travail.

⇨ La quinzaine

Pour les habitués, l'alternance par quinzaine est une solution bien pratique. Elle évite de faire ses valises chaque semaine. Adoptée par les adolescents, par exemple, elle n'oblige pas à de longues coupures et, de toute façon, l'enfant peut rester en contact avec le parent non présent par téléphone, voire effectuer une visite express en cas de besoin.

⇒ Entre deux vacances scolaires

Les cas d'alternance entre deux périodes de vacances scolaires ne sont pas rares pour les plus grands. C'est le collège (ou le lycée) qui donne le tempo des changements. De la rentrée scolaire jusqu'aux vacances de la Toussaint, l'adolescent vit chez son père. Après la Toussaint, jusqu'à Noël, il s'installe chez sa mère, et ainsi de suite toute l'année. Et les vacances ? Elles sont équitablement partagées entre les deux foyers. Cela n'empêche évidemment pas les allers-retours, selon les envies du moment. L'adolescent peut aller au cinéma avec sa mère, en septembre, ou à un concert avec son père, en décembre, sans que cela bouleverse l'organisation familiale. Il y aura aussi des petites « parenthèses » qui évitent de trop longues périodes sans voir l'autre parent. Les 40 ans d'un parent, un week-end un peu exceptionnel, une fête entre copains, toutes les occasions sont bonnes pour partager des moments qui sortent un peu de l'ordinaire. D'ailleurs, vivre des temps forts avec son adolescent s'avère plus gratifiant que partager son seul quotidien. Lequel est parfois source de conflit avec un jeune pas toujours bien disposé ni très disponible pour les adultes qui l'entourent...

⇨ Toutes les variantes possibles

Il ne faudrait pas oublier les cas où la résidence est alternée, mais pas paritaire. Pour les plus petits, le rythme peut s'établir sur une cadence de neuf jours chez la mère, cinq chez le père ; il existe aussi des cas de cinq jours-deux jours, où la résidence alternée ressemble, à s'y méprendre, à un droit de visite élargi, qui compte le même nombre de jours de présence.

Tous les cas sont possibles, selon les configurations familiales. Pour être complet, il faudrait aussi citer le cas où ce sont les parents – et non les enfants – qui alternent. Dans la maison, où habitent en permanence les enfants, les parents arrivent avec leur petit sac pour partager le quotidien des enfants, une semaine en alternance. Outre le fait que ce système exige d'avoir trois domiciles et non deux, ce mode de vie oblige les ex-époux à supporter les « empreintes » de l'autre (parfum, objet oublié, manie de rangement, etc.). Ces superpositions parentales paraissent assez risquées, c'est comme si on divorçait sans se séparer ! Un architecte, très inspiré mais pas forcément très réaliste, avait même imaginé une maison constituée de trois parties. Les enfants habiteraient au centre, et chaque parent logerait dans une aile. Les enfants vivraient donc en alternance avec les portes ouvertes sur un côté, puis sur l'autre, de la maison. Mais là encore, il y a de quoi s'interroger sur la viabilité de la méthode. Cet entassement des uns et des autres en un lieu quasiment commun risque d'induire l'idée que tout pourrait recommencer. Que les parents en aient besoin quelques mois pour élaborer la séparation et la digérer, peut-être. Mais vivre longtemps sur ce mode relève du numéro d'équilibriste...

Il existe enfin des cas d'alternance annuelle : une année chez maman, en Australie, une année chez papa, à Paris. Réservés aux plus grands, ces cas sont marginaux. Ils exigent de l'adolescent une très grande souplesse, car il faut, chaque année, s'adapter à un changement de cap, de cent quatre-vingts degrés. L'école, les copains, l'environnement quotidien, tout change. Mais si c'est la seule solution pour maintenir le lien...

L'essentiel

Aujourd'hui, on sait que l'attachement entre le parent et son enfant est lié à la façon dont la relation se fabrique au quotidien : jeux, bains de parole, contacts physiques, etc.

Réussir la garde alternée

- Le bébé n'a pas la capacité psychique de se souvenir du parent dont il est séparé quelques jours. En revanche il a une mémoire sensitive qui lui fait percevoir que ses repères habituels ont changé.

- Avec un tout-petit en résidence alternée, il n'est pas raisonnable d'envisager une résidence paritaire. Les parents doivent préférer un système où le bébé vit plutôt chez l'un des parents, avec des séparations plutôt courtes.

- Le rythme de la résidence alternée doit être adapté à l'âge de l'enfant et à ses besoins : séparations plus courtes pour les plus jeunes, plus longues pour les adolescents.

- Il n'y a pas de prêt-à-porter en résidence alternée : chaque famille doit trouver le rythme qui convient le mieux à l'enfant et à la disponibilité des parents.

Chapitre 7
Au jour le jour

Deux maisons, ce sont deux quotidiens pas forcément identiques. Pour faciliter le double ancrage, il faudra multiplier les ponts entre les deux foyers et lâcher du lest sur les détails d'une vie qu'on ne partage qu'en partie.

Deux maisons, deux « chez-lui »

C'est une évidence, l'enfant doit avoir un territoire, bien à lui, dans chacun de ses foyers. Cela doit être aussi vrai pour un enfant qui vit à mi-temps dans une famille recomposée. Pendant son absence, que font les « enfants à temps plein » : envahissent-ils son univers ? Jouent-ils avec ses jouets ? Empruntent-ils ses disques ? Il n'est pas question de transformer la chambre de l'enfant en mausolée. Mais il faudra respecter ses susceptibilités. Certains parents ferment la porte de la chambre de l'enfant absent, jusqu'à son retour; d'autres acceptent les allées et venues des enfants présents, si l'enfant absent les tolère sans sourciller. Chaque famille aura ses règles, régulièrement amendées selon l'âge et le tempérament de chacun. Heureusement les enfants se montrent inventifs pour dissimuler leurs petits trésors aux yeux des plus jeunes ou transporter leurs merveilles avec eux.

Réussir le double ancrage

Le double ancrage de l'enfant ne se décrète pas. Il faudra un peu de temps pour que l'enfant investisse le ou les nouveaux lieux qu'il découvre. Parfois, il vit en effet un double déménagement si, pour des raisons financières, aucun adulte ne peut garder la maison d'origine. Dans d'autres cas, il est préférable pour tout le monde de redémarrer « en terrain neutre ». C'est particulièrement vrai pour les nouveaux couples : il n'y a rien de plus pénible que d'avoir le sentiment de marcher dans les traces du précédent compagnon... Tout le monde emménage ? Les parents prendront soin de choisir avec l'enfant ce qui fera son quotidien, la décoration, le mobilier, etc.

Vous le constatez en allant chercher votre enfant chez l'ex-conjoint, investir un nouveau lieu ne se fait pas en un jour. Au début, sa chambre ne lui ressemble pas. Et puis, un jour, c'est fait, les racines ont pris dans les deux pots. Est-ce les magazines qui traînent par terre, les posters sur le mur, un chef-d'œuvre fait maison, un vieux tee-shirt jeté dans un coin, mais ça y est. Ce bazar-là, vous le reconnaissez : il porte la marque de votre enfant ! Vous voilà soulagé. Enfin, il n'est plus visiteur à mi-temps, mais doublement chez lui.

Créer des ponts

Le double ancrage est facilité si l'on prend soin de préserver la double lignée de l'enfant. Pour s'enraciner durablement, il a souvent besoin de laisser chez le parent où il réside des « traces » du parent absent : une photo, une babiole rapportée de voyage par la mère, un livre offert par le père qu'on termine chez la mère, etc. Ses objets lui parlent de l'autre vie. Ce n'est pas de la provocation, mais une manière de ne pas se scinder en permanence en deux. Une solution plus apaisée que le cloisonnement perpétuel vécu par certains enfants, obligés d'avoir un doudou chez papa, et un autre chez maman…

Pour multiplier les ponts, on peut aussi garder la même baby-sitter. Puisqu'en général, on habite à portée de bicyclette les uns des autres, ce n'est pas un souci. Et ça fait une tête connue sur laquelle se reposer, à une époque où l'enfant a besoin de souffler. Les moyens de télécommunication sont également de précieux alliés : le téléphone, bien entendu. Quoique les plus jeunes soient parfois submergés par l'émotion, lors de cette demi-retrouvaille. Mais, à partir d'un certain âge, c'est un outil indispensable pour raconter en différé le conseil de classe ou la visite chez le dentiste. Avec le portable, le texto permet de communiquer en toute discrétion. Une qualité appréciable, quand le parent absent tombe pile au mauvais moment : « Ton père appelle toujours quand on va sortir ! » La panoplie ne serait pas complète sans le mail, qui offre, lui aussi, une possibilité de rester en lien sans empiéter sur la vie avec le parent présent.

L'« entre-deux-maisons », un temps à part

Souvenez-vous des retours de colonie. Vous aviez vos parents sous les yeux, mais, en pensée, vous étiez encore avec les monos et les copains. Pour l'enfant, passer des bras de papa à ceux de maman ne se fait pas non plus en un clin d'œil. Alors, patience. Quand vous retrouvez votre enfant après une semaine de séparation, il n'est pas déprimé s'il répond par « Hmmm » à vos questions : « Tu t'es bien amusé ? Tu as bien pris tes antibiotiques ? » Votre enfant digère. Il est en effet assailli de sentiments contradictoires : la tristesse de la séparation et la joie des retrouvailles. Encore avec l'un, pas tout à fait avec l'autre, il est dans un troublant entre-deux. Cette situation est d'autant plus vraie, s'il sent des tensions entre ses deux parents. Tiraillé entre ces deux objets d'amour, il aura du mal à montrer qu'il aime ses deux parents aussi fort, notamment s'il sent que son attitude va blesser le parent le plus fragile.

Pour faciliter ce moment de passage, il lui faut un sas, un temps intermédiaire, d'autant plus long et nécessaire que l'enfant est jeune. Parfois, il suffit d'un temps « symbolique », celui du trajet du retour, pour qu'il soit revenu dans son monde. Faites-lui confiance : à peine rentré, il se précipite dans sa chambre (plus vite que dans vos bras ? c'est possible). Il la parcourt, la renifle. En quelques secondes, c'est fait, il est chez lui !

⇨ Passer par la case « école »

Quand les relations sont difficiles, entre les parents, mieux vaut éviter le face-à-face. Ce n'est pas la peine de multiplier les occasions de réflexions acerbes, ou de se « passer » l'enfant comme on s'enverrait un ballon de rugby. À chaque rencontre, l'enfant revit la séparation parentale. Le plus confortable est d'effectuer le changement dans un lieu neutre, la crèche, l'école ou le collège. Averti à temps, et non au dernier moment, le matin, devant l'école : « Au fait, c'est ta mère qui vient te chercher ce soir ! », l'enfant acceptera facilement cette solution.

⇾ « On ne sait rien de ce qu'il vit là-bas ! »

Pas d'étonnement, non plus, s'il reste muet sur ce qu'il a vécu avec l'autre parent. L'enfant a une mémoire très sélective. Dans six mois, il racontera en détail ce week-end de kayak avec sa mère, mais, aujourd'hui, on n'obtiendra pas mieux que : « On est allés sur une rivière ». La semaine d'école se résume par un laconique : « Avec Clémence, on ne se parle plus ». Et c'est par hasard, trois jours après, qu'on découvre qu'il est délégué de classe... Tous les enfants ont besoin de temps pour élaborer et mettre en mots ce qu'ils vivent. C'est encore plus vrai pour un enfant de parents divorcés, qui a du mal à vivre dans le présent avec l'un et l'autre parent, quand ces derniers sont séparés.

⇨ L'enfant à la valise

Symbole de cette nouvelle vie, la valise est l'objet de toutes les attentions. Chacun a ses petites manies. Il y a ceux qui la préparent « en douce », la veille du départ de l'enfant, quand ce dernier est au lit, pour éviter les larmes. Il y a ceux qui la font avec l'enfant, méthodiquement. Il y a ceux qui la font en hâte, le matin de la séparation, sûrs d'oublier la moitié des affaires et de passer le soir, chez l'ex-conjoint, déposer le sac de piscine, les barrettes, ou le cadeau d'anniversaire du cousin Baptiste. Les réactions des enfants sont aussi variées que celles des adultes. Certains sont gênés d'arriver à l'école, avec le sac, si révélateur d'une vie pas tout à fait comme celle du plus grand nombre. D'autres s'en accommodent sans mal ; et quelques-uns se font un monde de ce qu'ils ont oublié ici ou là, comme si ce sac renfermait toutes les angoisses liées à ce mode de vie. Pour simplifier les choses, quantité de parents ont décidé d'acheter en double, au moins l'essentiel. Si on en a les moyens, c'est le plus pratique. Cela évite aux affaires un nomadisme déprimant. Quand on se retrouve à la tête d'une armée de tee-shirts, mais sans survêtement, et que c'est la troisième fois que ça se produit en deux mois on peut perdre son humour. De toute façon, personne n'y coupera, car il y aura toujours une paire de lunettes de soleil oubliée là-bas dont on a besoin ici, ou un cahier de poésie égaré sous un lit, qu'il faut rapatrier d'urgence, à 21 h 15, pour la récitation du lendemain. C'est à se demander si ces « oublis » ne sont pas le prix de l'alternance que les jeunes étourdis font payer aux adultes !

Respecter les décisions de l'autre parent

Quand on vit en couple, le quotidien est une réserve inépuisable de sujets explosifs. Après la rupture, il n'est jamais inutile de refaire le point sur les grandes lignes de l'éducation des enfants : laisse-t-on sortir les adolescents dans la semaine ? 15 euros d'argent de poche, à 13 ans, est-ce ridicule ou acceptable ? L'achat du scooter doit-il récompenser de bons résultats scolaires ? Puisqu'ils ont vécu ensemble, on peut supposer que les ex-conjoints partagent de grands principes de base sur l'école, la politesse, les rythmes de vie, etc. Mais la séparation peut aussi faire émerger des différences, avec lesquelles il va falloir composer. Ce n'est pas dramatique, l'enfant n'a pas besoin de vivre deux quotidiens symétriques chez ses deux parents. C'était déjà le cas avant la séparation : dans le couple, il y a souvent un parent plus à cheval sur les devoirs, les tâches collectives, etc.

En revanche, l'enfant en alternance doit sentir que le couple parental ne se dénigre pas. C'est une question de respect de l'autre, et on ne revient pas sur ce principe de base. Cela évitera de se laisser déboussoler par des enfants qui, eux, ne perdent jamais le nord : « Chez maman, on a le droit de jouer à l'ordinateur quand on veut », « Chez papa, on regarde la télé quand on revient de l'école », gémissent les maltraités. Personne n'est obligé d'adhérer à toutes les idées de l'autre, encore moins après le divorce qu'avant ! Mais le minimum syndical à s'imposer à soi-même – et à ses enfants – est de respecter ce qui se décide dans l'autre foyer. Sans faire de commentaires...

Accepter le bonheur de l'enfant avec « l'autre »

Pas toujours facile d'assumer sa fonction parentale avec quelqu'un qu'on a fini d'aimer. Il faut apprendre à lâcher prise sur ce que vit l'enfant ailleurs qu'avec soi. Il faut aussi accorder le droit à l'enfant d'être heureux avec l'autre parent. « Évidemment, que je lui laisse ce droit ! » s'insurgent certains. Mais il y a des gestes qui en disent long sur ses véritables sentiments : accueillir l'enfant avec une bise glacée, si son père a une demi-heure de retard ; assassiner la boîte de vitesse, quand on le dépose en voiture chez sa mère ; rester muet comme une carpe au récit de ses aventures estivales, etc. Les petites phrases : « Je suis ravi(e) qu'il vive aussi avec sa mère (son père). Mais je tombe malade à chaque fois qu'il part » ne sont guère plus innocentes... Ce « métalangage » ne blesse pas l'ex-conjoint, mais son propre enfant. Lequel se sent vite coupable du plaisir que lui procure la vie chez l'autre parent.

Faire le deuil de la vie d'avant

Désormais, il faut accepter l'idée que l'ex-conjoint élève l'enfant sans sa bénédiction. Il ne cuisine jamais de légumes ; elle est trop souple sur les sorties ; il l'emmène chez un coiffeur underground. Vous n'êtes pas d'accord sur tout ? Tant pis, si rien n'est fondamental. Ce n'est plus le moment d'être tatillon, et c'est ainsi qu'on fait le deuil de sa vie de couple. En dehors de questions fondamentales – santé, déménagement, école, religion –, l'ex-conjoint n'a pas besoin de tout dire sur sa vie avec l'enfant. Chercher à en savoir plus sur un quotidien qu'on ne contrôle que partiellement serait vécu comme une intrusion. Or, l'enfant n'a aucune envie que chaque broutille soit débattue devant le juge aux affaires familiales. Quand ce dernier se retrouve à décider si l'enfant doit faire du basket ou du handball, ou à sermonner le père qui mélange le linge blanc et les couleurs, on imagine l'ambiance entre les parents…

⇨ À chacun son agenda

Pour que la fête de l'école, le spectacle de théâtre, le week-end de rafting ou le mariage du cousin ne tournent pas au pugilat, le plus simple est d'anticiper. Un calendrier qui récapitule les rendez-vous incontournables de chaque enfant et de chaque foyer est le bienvenu. Si les temps forts des uns et des autres deviennent des faits objectifs, inscrits au programme depuis des semaines, ils cessent d'être perçus comme des missiles. Les remarques agacées : « On dirait que ça t'amuse de prévoir des fêtes la semaine où les enfants sont avec moi ! » tomberont quasiment à plat…

L'essentiel

Le double ancrage de l'enfant se fera plus aisément si les parents facilitent la circulation d'un foyer à l'autre et ne cloisonnent pas trop les deux vies de l'enfant.

Il faut parfois un temps intermédiaire à l'enfant pour passer d'un foyer à l'autre, et digérer les émotions contradictoires qu'il éprouve pour le parent qu'il quitte et celui qu'il retrouve.

Les parents doivent accepter qu'une part de la vie de l'enfant leur échappe. Ils n'ont pas à critiquer les décisions que prend l'autre parent, même s'ils ne sont pas obligés d'y adhérer à 100 %.

En cas de tension, mieux vaut effectuer le changement de foyer en passant par un lieu neutre, comme l'école. Pour apaiser les relations parentales, il sera profitable d'annoncer le plus tôt possible le programme des uns et des autres.

Chapitre 8

Et l'argent, dans tout ça ?

« Tu vas me le payer », entend-on à la sortie du tribunal… Pension alimentaire, coût de l'enfant : les ex-conjoints n'ont pas fini de discuter argent. Car il faut avouer que la résidence alternée est contraignante financièrement.

Une solution onéreuse

La résidence alternée exige des efforts financiers. Il faut d'abord deux appartements qui ne soient pas des F1, car il n'est pas question de faire coucher durablement l'enfant – a fortiori s'ils sont plusieurs – sur le canapé du salon. L'alternance signifie deux voitures familiales, deux appartements, mais aussi de quoi coucher, nourrir, laver et chauffer l'enfant. Sans compter les accessoires indispensables : quelques vêtements de base en double, des livres, des jeux, voire un ordinateur (jeux vidéo, télévision, VTT, etc.) pour les plus gâtés. Ne comptez pas sur les économies d'échelle que vous pensiez réaliser en ayant un enfant à temps partiel. Certes, le frigo se vide moins vite en son absence. Mais le loyer n'est pas moins cher les semaines où l'enfant n'est pas là, l'électricité et la taxe d'habitation non plus.

Après une séparation, l'état moral des troupes est tel qu'il est difficile, en plus de tout le reste, d'être un gestionnaire modèle. Pourtant, quand on aura fini de puiser dans son bas de laine, il faudra se résoudre à diminuer son train de vie. Restaurants, cinéma, sorties avec les enfants, par quelle restriction commencer ? La seule bonne nouvelle, c'est que pendant le temps de non-résidence de l'enfant, on peut sortir sans débourser un euro pour la baby-sitter !

La pension alimentaire, toujours d'actualité

La pension alimentaire est source de nombreux conflits entre les ex-conjoints. Dans près de la moitié des cas, le parent non gardien « oublie » de la verser. Pour le parent qui la reçoit, cette contribution pour l'entretien et l'éducation des enfants – le vrai nom de la pension alimentaire – est aussi symbolique que précieuse, qu'elle soit de 50 ou 150 euros mensuels. Contrairement à ce que beaucoup pensent, la résidence alternée ne supprime pas la pension alimentaire. « Mais comment ça ? C'est injuste, puisque nous partageons déjà les charges liées à l'éducation de l'enfant ! » s'insurgent certains. Oui, mais les revenus de l'ex-couple sont rarement égaux. Or, l'équité voudrait que les revenus des parents soient redistribués paritairement, au même titre qu'on se répartit équitablement le temps de présence de l'enfant. Ce serait en effet injuste que le stage linguistique de l'enfant représente 25 % du budget mensuel d'un parent, alors que, pour l'autre, c'est une dépense quasi indolore. Dans le cas, toujours fréquent, où la femme gagne moins que l'homme, par exemple 1 200 euros contre 2 000 pour lui, il serait normal que l'ex-couple se répartisse les revenus totaux, soit 3 200 euros. La femme devrait donc toucher une pension alimentaire de 400 euros. En théorie... Car il reste des progrès à faire, en matière de parité financière ! Le parent qui l'estime nécessaire peut demander à ce qu'une pension alimentaire lui soit attribuée. Au vu des revenus et des charges de chaque parent, le juge aux affaires familiales fixera le montant de cette pension alimentaire. Que vous soyez tombés d'accord ou non sur l'attribution de cette somme... Mais tous les parents ne sont pas obligés de passer devant le juge pour ces questions d'argent. Certains s'arrangent à l'amiable. Ils s'organisent pour que le parent le plus à l'aise assume les plus grosses dépenses de l'enfant (crèche, équipement sportif, etc.).

Qui dépense quoi ?

« Quand on aime, on ne compte pas », tout le monde le sait. Mais quand on ne s'aime plus, qu'est-ce qu'on compte ! Les tribunaux sont embouteillés d'ex-amoureux. aujourd'hui prêts à s'écharper pour garder la Twingo ou le frigo. Qu'il s'agisse de pension alimentaire ou de prestation compensatoire, les questions d'argent n'ont pas fini d'empoisonner les divorcés. Si les relations entre adultes sont tendues, il serait prudent de budgéter le coût de l'enfant. Vous ne l'aviez jamais fait jusqu'ici ? C'est le moment de s'y astreindre, même si l'activité manque de poésie. Cela devrait éviter bien des discussions animées. Avec un tout-petit, le calcul est assez simple. Mais il se complique quand l'enfant grandit, lorsque les occasions de dépense se multiplient :

anniversaire du copain, cantine, stage pendant les vacances, argent de poche, réparation du vélo, etc. Ce sera aussi le moment de lever la mainmise qu'un parent, souvent la mère, avait sur les achats du quotidien (vêtements, coiffure, etc.). Cet abandon symbolique est parfois durement ressenti: «Pourquoi le père s'y intéresse-t-il aujourd'hui, alors qu'il m'a laissé me débrouiller seule, pendant des années?»

Du côté des administrations

⇾ Qui est la plus arrangeante?

• **La Sécurité sociale.** Il n'y a pas de problème. Chaque conjoint peut enregistrer l'enfant sur sa propre carte Vitale. Cela simplifie les remboursements: chacun paie quand il va chez le médecin, mais chacun est remboursé de son côté. Pour la mutuelle, mieux vaut se renseigner pour savoir laquelle des deux parents offre le plus d'avantages.

• **Les impôts.** Pendant longtemps, le fisc ne reconnaissait qu'un seul des deux parents comme ayant son ou ses enfants à charge. Les parents devaient donc désigner, d'un commun accord, celui d'entre eux qui béné-

ficierait des parts fiscales supplémentaires (en général on choisit celui qui a les plus gros revenus).
À partir de 2004, les calculs se sont simplifiés. En cas de résidence alternée, « les enfants sont réputés être à la charge égale de l'un et de l'autre parent », dit le code des impôts. S'ils le souhaitent, les parents peuvent déclarer tous les deux l'enfant. Ils bénéficient alors de 0,25 part supplémentaire : l'enfant représente toujours une demi-part, répartie équitablement entre les deux foyers. Quant à la demi-part supplémentaire, accordée au parent isolé (la case « T » pour les connaisseurs), elle aussi est répartie entre les deux parents. S'il en remplit les conditions d'attribution (ne pas être remarié ni concubin), chaque parent bénéficie de 0,25 part fiscale supplémentaire. Pour être certain de choisir la solution la plus intéressante financièrement mieux vaut sortir sa calculatrice. Si l'écart de revenus entre les ex-conjoints est important, le conjoint le plus aisé a peut-être intérêt à être le seul à déclarer fiscalement l'enfant, puis à s'arranger avec son ex-conjoint, en réglant les grosses dépenses. Les parents peuvent aussi déclarer l'enfant à tour de rôle : une année sur deux, chacun bénéficie des parts fiscales supplémentaires. Sur ces questions d'argent, mieux vaut être lucide sur l'état des relations. Autant renoncer aux négociations à l'amiable si le climat est polaire : les calculatrices risquent de voler bas !

• **La CAF.** Elle ne reconnaît qu'un seul interlocuteur par foyer : l'allocataire. Quelle que soit la situation des parents, mariés ou séparés, en résidence alternée ou non, la CAF ne verse donc qu'une fois les sommes qu'elle alloue aux familles. Pour bénéficier de ces prestations (allocations familiales, allocation parentale d'éducation, de logement, de parent isolé, etc.), les deux parents doivent se mettre d'accord entre eux et indiquer à la CAF lequel des deux sera l'allocataire. Sans cette attestation des parents (ou, à défaut, la décision du juge aux affaires familiales fixant qui du père ou de la mère recevra les allocations), la CAF ne verse rien. Pour les allocations qu'on reçoit même sans enfant (comme l'allocation logement), les deux parents pourront percevoir des allocations, une petite et une plus importante : la première sera calculée en fonction des ressources, sur la base d'un adulte sans enfant ; la seconde prendra en compte les enfants rattachés à l'un des deux parents. Les associations de divorcés se battent pour que les allocations soient réparties plus équitablement entre les deux parents. Ce serait évidemment plus simple, surtout si les parents sont en guerre. Pour l'instant, ce n'est pas le choix de la CAF. À suivre…

• **Les organismes d'HLM.** Le problème est d'obtenir un F3 dont on a finalement besoin à temps partiel... sans que ce soit pour autant un grand F1 ! Pendant des années, dans le cas d'un couple divorcé, la présence d'enfants n'était prise en compte que pour le parent auquel le jugement avait rattaché les enfants. Donc, le père, qui avait ses enfants un week-end sur deux, ne pouvait pas disposer d'un logement de taille familiale. Et ces organismes, submergés de demandes, n'allouaient pas deux fois la même aide au logement à deux foyers qui hébergent alternativement les mêmes enfants. Depuis fin 2001, les choses ont changé : chaque parent peut désormais enregistrer ses enfants dans la demande de logement. Cela devrait avoir deux effets positifs : permettre aux deux parents en résidence alternée d'obtenir un logement plus grand ; et faciliter l'accueil dans le parc social des familles séparées (puisque le calcul du plafond de ressources pour accéder à une HLM intègre, lui aussi, les enfants). Mais il ne faut pas rêver : parent isolé ou non, famille nombreuse ou non, les demandes de logement à loyer modéré sont en hausse constante, et les réponses positives forcément limitées.

• **L'école.** Obligation est faite de recueillir l'adresse des deux parents et d'envoyer les informations en double systématiquement. Ce n'est pas encore le cas du bulletin scolaire. Mais c'est peut-être parce qu'il est unique, qu'il est si précieux ! De plus, aucun des deux parents n'a plus de droit ou de pouvoir, notamment pour inscrire ou radier l'enfant d'une école. Seule restriction (valable pour tous les parents, séparés ou non), un seul des deux parents peut voter aux élections de parents d'élèves : soit le parent désigné d'un commun accord, soit celui qui arrive le premier au bureau de vote.

L'essentiel

La résidence alternée exige des efforts financiers : les parents devront en effet avoir en double appartement, voiture, etc.

Ce n'est pas parce que le temps de l'enfant est partagé entre ses parents que la pension alimentaire doit disparaître. Les revenus de l'ex-couple devraient être répartis équitablement dans les deux foyers.

Mieux vaut calculer avec précision ce que chacun dépense pour l'enfant, afin de tenir à distance les risques de disputes.

Sécurité sociale, école, fisc, HLM : les administrations facilitent plus ou moins le quotidien des familles en résidence alternée. Lesquelles disposent des mêmes droits que les parents divorcés.

Chapitre 9
Les adolescents et la résidence alternée

Qu'ils vivent à mi-temps chez leurs deux parents depuis leur enfance, ou qu'ils découvrent ce mode de vie, la résidence alternée pose des problèmes spécifiques à l'adolescence.

Une mosaïque de réactions

➾ À mi-temps, mais pas à demi accueilli

Chez l'adolescent, tout est grand, même sa courbe de croissance donne le vertige. Il a de grandes baskets, de grands secrets, de grands posters et un désordre au moins proportionnel aux bouleversements intérieurs qu'il vit. Aussi, pas question de se satisfaire d'une demi-place. Bien sûr, il n'occupe l'espace que la moitié du temps. Mais il est chatouilleux sur les symboles : il lui faut une vraie (et grande, tant qu'à faire…) chambre. Il est toujours entre deux sorties ou deux entraînements ? Peut-être. Mais plus encore que la plupart des enfants, il a besoin de sa tanière, pour y étaler ses affaires, écouter sa musique et se retirer dans son monde, autant qu'il le souhaite.

⇾ Besoin d'être libre… et encadré à la fois

L'adolescent est le premier à clamer sur tous les tons qu'il voudrait plus de liberté. Mais en même temps, il apprécie de sentir à quel point il existe pour ses deux parents. Ainsi, il peut se faire désirer une heure, avant de daigner dîner en famille, mais il trouvera très cavalier qu'on commence le repas sans lui !

Comprendre cette ambivalence est très utile, en particulier s'il vit dans une famille recomposée. Avoir une chambre de bonne au dernier étage de l'immeuble où vit sa « nouvelle » famille, ou une chambre au rez-de-chaussée de la maison, quand le restant de la tribu vit à l'étage, c'est bien. Mais cela peut suffire à agacer les jeunes susceptibilités. Pour le persuader qu'il n'est pas en « surnombre », il faudra un gros pouvoir de conviction… et une bonne dose d'humour !

⇾ L'ère du « non » tome II

L'adolescence rappelle aux parents une période que l'on croyait appartenir au passé : l'opposition systématique. Il vivait sans broncher en résidence alternée depuis l'enfance ? Aujourd'hui, il ne supporte plus ce rythme qu'on lui impose. Il râle à n'en plus finir, chaque semaine, au moment de déménager ; oublie volontairement la moitié de ses affaires, ici ou là ; se sert de l'alternance pour se la couler douce au lycée, et prend prétexte de la moindre fête (compétition sportive, etc.) pour décaler ses séjours chez l'un ou l'autre parent. Cette phase d'opposition est indispensable à l'adolescent pour prendre de la distance avec les adultes et affirmer sa propre identité. Il s'oppose sans nuance ? C'est normal. Il est en train de changer de peau et il attaque et se rebiffe d'autant plus qu'il se sent fragile. C'est le « complexe du homard », cher à Françoise Dolto qui comparait l'adolescence à la période de mue de ce crustacé fragilisé au moment du changement de carapace. Plus il tâtonne, plus il rejette en bloc les idées des parents dont il cherche à s'émanciper. La période est assez éprouvante pour les nerfs. Mais, comme celle que les enfants vivent autour de 2-3 ans, elle ne dure qu'un temps. Parfois, il sera utile de se répéter avec philosophie : « Dans trois ans, on en rira. » Pour l'instant, on rit... jaune.

➾ Les décibels montent

Certains jours, il suffit d'une étincelle pour que l'adolescent explose. Son frère a fini les corn-flakes, sa demi-sœur s'éternise dans la salle de bains, tous les prétextes sont bons pour hurler. On dirait qu'il teste jusqu'à quel point il peut être différent – voire insupportable –, sans perdre l'amour des siens. Il cherche la bagarre ? Il doit la trouver. Et le fait que ses parents ne vivent plus sous le même toit ne change rien à l'histoire.
Autant qu'ils le peuvent, les adultes ne doivent pas esquiver ces frictions. Elles installent une saine distance entre eux et lui, et fixent des frontières nettes entre ce qui est possible et ce qui ne l'est pas. C'est plus facile à dire qu'à faire ? C'est vrai. Les adultes ont de quoi se lasser de ces disputes à répétition. Parfois aussi, ils redoutent leur propre violence, craignent que leur adolescent finisse par ne plus les aimer ou qu'il trouve une oreille plus compatissante auprès de l'autre parent. Mais ce n'est pas une interdiction parentale en plus ou en moins qui tue l'amour. Mieux vaut ne pas rentrer dans ce chantage affectif, et vous avez tout intérêt à ne pas jouer sur le même terrain que votre enfant. Laissez-lui la colère, la bouderie, le chantage ou la violence verbale. En restant au-dessus de la mêlée, vous n'entamerez pas votre capital de crédibilité. Ça tombe bien, car il n'a pas fini de servir…

⇒ Jouer sur les deux tableaux

« Chez papa, j'ai le droit de rentrer après minuit ! », « Chez maman, j'invite qui je veux, quand je veux ! » Faire jouer la concurrence, c'est très tentant ! Quelquefois, ça marche. Mais si l'un des parents baisse un moment les bras et devient plus laxiste, c'est l'escalade assurée. L'adolescent s'engouffrera dans la brèche, et il sera difficile de l'en déloger ! C'est pour cela qu'il est plus sain de ne pas rentrer dans cette logique. Même si on ne sait pas trop où se situer par rapport à son ex-conjoint(e) : « Suis-je trop angoissé(e) ? Trop perfectionniste ? Trop rigide sur les résultats scolaires ? », mieux vaut rester cohérent avec ses principes. Au fil du temps, l'adolescent a trouvé le mode d'emploi de chacun de ses parents, et en cas de revirement d'attitude, il serait le premier surpris.
Tant que les parents sont d'accord sur les grandes lignes de l'éducation et respectent leur mode de vie réciproque, l'adolescent ne pourra pas longtemps faire jouer la concurrence. D'ailleurs, il n'est pas fou, il n'use de cette stratégie que s'il sent des failles dans le système parental...

⇒ Quand le conflit parental se réamorce

Décidément, l'adolescent a le chic pour réactiver les feux que l'on croyait éteints. Le laxisme de l'un des parents sur les résultats scolaires, la fumette ou les fréquentations, la rigueur de l'autre sur les sorties ou la collection de petites amies, et c'est reparti ! Revoilà les remarques acides et les parents qui se raccrochent au nez ! À l'époque où les enfants, encore petits, étaient en résidence alternée, le quotidien était le fournisseur officiel d'accrochages entre parents. Vous pensiez en avoir terminé, maintenant que les petits sont devenus grands ? Détrompez-vous. Désormais, les conflits avec l'adolescent prennent le relais pour empoisonner l'atmosphère entre les deux parents. Curieusement, tout se passe comme si cette période réactivait d'anciens schémas : le complexe d'Œdipe de l'enfant, l'angoisse d'un parent, les envies de revanche de l'autre, etc. Armez-vous de patience, car vous avez au moins cette qualité que votre enfant n'a pas...

⇨ Un mi-temps volcanique, un mi-temps calme

Votre véritable atout ? Vous ne vivez avec votre adolescent qu'à temps partiel ! La semaine « sans » laisse le temps aux parents de souffler, avant d'attaquer le prochain round. Grâce à ces pauses, vous réinvestissez votre vie personnelle et retrouvez l'énergie pour tenir votre rôle de parents. Car vous pouvez compter sur votre adolescent, pour plomber le prochain repas en famille (il arrive en retard et reste mutique) et se révolter pour des broutilles : « Du lapin en sauce ? Sûrement pas, j'ai décidé d'être végétarienne ! », ou vous vriller les nerfs avec sa tête d'enterrement pendant la semaine de ski. Mais, grâce à la résidence alternée, vous avez aussi droit à quelques soirées sans portes qui claquent ni mini-scandales ! On finirait presque par s'ennuyer, non ? Justement, voilà le (la) révolté(e) de retour, avec sa tête des mauvais jours...

L'adolescent dans une famille recomposée

⇨ Un inconnu dans MA maison !

Quand un nouveau partenaire débarque, c'est parfois la panique à la maison. Il est fréquent que l'adolescent le considère comme un intrus. Avec le temps, ce nouveau venu aura l'occasion d'exercer son autorité. Même s'il le fait diplomatiquement, il aura droit à un : « J'étais là avant toi, t'as rien à me dire ! », ou sa variante tout aussi plaisante : « T'es pas mon père (ma mère) ! » L'adolescent a le droit de ne pas aimer d'emblée le nouvel amour de son parent. Il suffira qu'il le respecte, comme il respecte d'autres adultes de son entourage (les professeurs, un entraîneur de sport, ses oncles et tantes, etc.). Laissez faire le temps, car moins l'adolescent sentira de pression autour des relations entre ce nouvel adulte et lui-même, plus il consentira à découvrir cet intrus...

⇒ Un peu d'air, on étouffe...

Ce nouveau mode de vie, c'est un bol d'air qui tombe à pic. D'abord, l'adolescent va prendre un peu de distance avec le parent resté célibataire. Les tête-à-tête permanents, notamment entre un garçon et sa mère, finissaient par devenir pesants, car l'adolescent n'est ni le compagnon ni le confident de sa mère. Vivre à temps partiel ailleurs que dans cette ambiance confinée est régénérant. Pour le parent resté seul, c'est souvent l'heure du bilan : « Qu'ai-je fait de grand, dans ma vie ? » s'interroge-t-il, à un carrefour personnel et professionnel. Le « demi-départ » de l'adolescent oblige l'adulte à regarder la réalité en face : cet enfant devenu grand ne doit pas être sa seule raison de vivre, ni répondre, à sa place, à ces questions essentielles. C'est une période de réflexion douloureuse, mais mieux vaut l'aborder à la quarantaine que vingt ans plus tard. Quant au parent remis en couple, la perspective d'une nouvelle vie à deux donne envie de s'occuper de soi et de relativiser les tracas de l'adolescent. Tout le monde y gagne, aux amours des parents !

➾ Au secours, d'autres enfants débarquent !

Se retrouver entouré d'une « fratrie » sortie de nulle part, alors qu'on a été enfant unique – et unique objet d'amour de ses parents –, pendant quinze ans, ça déboussole. De même, si on est l'aîné d'une fratrie et que, du jour au lendemain, cette place est volée par un individu dont on partage le toit mais rien de plus, on a de quoi perdre ses repères. D'autant plus qu'il faudra aussi partager sa télé, son ordinateur, ses jeux, voire sa chambre ! Ces enfants de différents lits pourront se détester cordialement, pendant des mois, avant de finir par s'ignorer et se perdre de vue si les nouveaux conjoints ne vieillissent pas ensemble. Mais cette tribu peut aussi apprendre à s'apprécier, et constituer de solides paires d'amis, plus résistantes à l'usage que certains liens de sang. Comment prévoir ? Seul le temps le dira.

➾ « C'est toujours moi qui prends »

Ces adolescents qui se retrouvent à demi-vivre ensemble n'ont pas vécu la même enfance. Il y a donc toutes les chances – tous les risques, en l'occurrence – pour que les deux nouveaux conjoints ne soient pas tout à fait calés sur le quotidien : l'argent de poche, les sorties, la permission de dormir avec son amoureux dans la maison des parents, etc. Pour éviter que l'un ou l'autre

« camp » ne se sente lésé, le plus simple est de repartir sur des bases communes. Mélangez les deux modes éducatifs, rajoutez une bonne dose de patience pour mettre à plat les tensions promptes à surgir, et mettez en pratique le plus vite possible. Plus les règles sont simples, mieux elles seront respectées. On peut aussi opter pour un régime éducatif « allégé » les premiers temps, afin de cimenter la tribu des enfants. Quitte à resserrer quelques boulons en cours de route, en cas de besoin.

Le parent et l'adolescent, deux êtres très sexués

Découvrir la résidence alternée, à l'adolescence, est un rappel à la réalité : oui, les parents aussi ont une vie sexuelle. Et le parent qui vient de se remettre en couple est même plutôt motivé par le sujet…
C'est une nouvelle troublante. Prendre conscience de la sexualité de ses parents est en soi déstabilisant, à l'âge où l'adolescent découvre la sienne, non sans quelques angoisses. Il préférerait mettre entre parenthèses cette dimension pour simplifier les relations communes. Car autant de personnes préoccupées par la sexualité, au même moment, c'est gênant, notamment dans cette période où le complexe d'Œdipe se réveille…

⇒ Le parent et l'enfant de même sexe, en concurrence amoureuse ?

Vivre sous le même toit que le nouveau partenaire de son parent confronte l'adolescent à des sentiments qu'il n'avait jusque-là pas éprouvés avec ses propres parents. Plus jeune, il a désiré prendre la place du parent du même sexe que lui, et, aujourd'hui encore, le complexe d'Œdipe réactivé trouble quelquefois la sérénité des rapports qu'il entretient avec ses parents. Mais ce sont des étapes psychiques classiques, qu'il a appris à dépasser. Et qui – surtout – sont restées à l'état de fantasme...
Avec le nouvel adulte à la maison, les choses sont différentes. Le garçon ou la fille adolescents peuvent être troublés par cet homme ou cette femme qui partagent leur quotidien, du petit déjeuner au coucher. Si le père se remet en couple avec une femme plus jeune que lui, le garçon et la nouvelle compagne seront peut-être très proches en âge ; la complicité qui s'instaure n'exclut pas une part de séduction. Que doit faire le garçon de ses sentiments ? À qui parler de sa honte, face à cette situation qu'on qualifierait d'incestueuse dans une famille « standard » ? Les familles recomposées reposent la question du respect de la différence des générations : l'inceste est un interdit évident pour tous, dans une

famille standard. Il ne l'est pas aussi clairement lorsqu'on vit avec un adulte qu'on a découvert à 15 ans... Pour limiter le problème, mieux vaut éviter de se promener nu, ne pas favoriser les confidences, respecter l'intimité de l'adolescent, bref, rester fermement du côté de l'adulte protecteur, sans excès de copinage.

⇨ Investir ensemble la nouvelle vie

Ce nouveau mode de vie s'accompagne souvent d'un déménagement, voire de la découverte d'un quartier inconnu. Impliquez au maximum l'adolescent. Il risque de vivre tous ces changements comme une contrainte, à moins qu'il ne se sente acteur, et non spectateur, de cette nouvelle vie. Il appréciera la reconnaissance et la confiance que vous lui manifestez, même s'il ne l'avouera pour rien au monde ! La maison ? On la visite donc ensemble et on écoute son point de vue. Autant que possible, on le laisse choisir sa chambre, puis sa décoration, son mobilier, et tout ce qui constituera son quotidien.

L'essentiel

L'adolescent partagé entre deux foyers doit sentir qu'il est accueilli dans ses deux familles. Il est très sen-

sible aux marques d'intérêt ou d'indifférence qu'il suscite, même s'il affirme le contraire.

- Les premiers temps de l'alternance, l'adolescent peut être opposé au nouveau partenaire de son parent. Moins il sentira que son attitude pose problème, plus il consentira à découvrir ce nouvel adulte.

- L'alternance permet à l'adolescent de se détacher d'une relation trop exclusive avec l'un ou l'autre de ses parents. Une situation qui l'aide à se construire.

- L'alternance permet aux parents de «souffler» avant de retrouver leur jeune révolté après quelques jours d'absence.

- Les relations entre les enfants de la «tribu» recomposée ne sont pas toujours harmonieuses. Mais elles le deviendront si les adultes fixent des règles de vie communes à tous et équitables.

Chapitre 10
L'heure du bilan

La belle machine a des ratés ? Que les grains de sable soient gros ou petits, certains signes ne trompent pas : quand tout est prétexte à dispute entre les adultes et que l'enfant va mal, il est temps d'agir.

Les raisons extérieures pour lesquelles ça se complique

⇾ Déménager, c'est se quitter une deuxième fois

Changer de décor est quelquefois la seule façon de se protéger d'un homme ou d'une femme qui a dévasté sa vie personnelle, et dont on appréhende le comportement futur. Il suffit d'apercevoir une voiture identique à celle de son ex-conjoint pour avoir une sueur froide. Lorsqu'on se sent dans une telle crainte, mieux vaut mettre de l'espace entre soi-même et sa vie d'avant. Et tant pis si ce départ oblige à repenser la vie de famille…

L'alternance paritaire à 50/50 devient irréalisable dès que l'enfant est scolarisé, mais on peut aménager un autre rythme, par exemple faire de grosses tranches chez le parent éloigné, pendant les vacances, pour compenser les périodes d'absence. Parfois aussi, on part contre son gré, à l'occasion d'une mutation. Si la parenthèse ne dure pas, tout le monde s'accommode de solutions transitoires... À condition que le transitoire ne s'éternise pas !

⇒ Il y a du nouveau au travail

Un nouvel emploi ou une promotion, c'est plus 10 % sur la fiche de paie, mais pour les enfants, c'est moins 100 % si on perd sa disponibilité. L'adulte se trouve confronté à un dilemme : accepter l'offre, alors qu'il doit lever le nez du guidon pendant les périodes de résidence de l'enfant ; ou refuser la proposition, si elle paraît incompatible avec une vie de famille prenante. Renoncer est une décision douloureuse, à un moment où l'on aurait bien besoin d'événement positif pour restaurer un ego malmené. Mais l'estime de soi est tellement mal en point que toute situation nouvelle est source de stress. L'enfant n'a pas à payer le prix de cette décision, quelle qu'elle soit.

Concrètement, comment font les coparents ? Le passage aux 35 heures a facilité leur vie : adeptes de l'emploi du temps en accordéon, ils alternent petites et grosses semaines. Mais, parfois, il est impossible de bénéficier d'une telle liberté, quand les horaires de travail, la rigidité de l'employeur ou les exigences du métier obligent à jongler entre la baby-sitter et les grand-parents, pour pallier ses propres absences.

⇒ Famille recomposée : un puzzle compliqué

La nouvelle vie de l'enfant en résidence alternée commence parfois sans qu'aucun des deux parents n'ait refait sa vie. Quelques mois plus tard, l'un des deux se remet en couple. C'est plutôt fréquent, puisque aujourd'hui une famille sur dix est recomposée. L'enfant sait que le quotidien avec une « marâtre » ou un beau-père, dans les contes de fées, n'est pas forcément de tout repos ! Et dans la vraie vie ? Un temps d'adaptation de part et d'autre et des repositionnements sont parfois nécessaires pour débloquer les tensions.

• **Faire le deuil de la famille « originelle ».** Une nouvelle relation amoureuse clôt définitivement le chapitre de l'histoire d'amour parentale. « Il serait temps ! » remarquent certains. Et pourtant, tout n'est pas si clair pour l'enfant. Ses fantasmes, comme lui, sont têtus : longtemps, il s'est imaginé qu'un jour tout recommencerait. Mais aujourd'hui, une page se tourne. Le parent resté

seul devra, à son tour, digérer la nouvelle. Certains continuent de penser que leur ex-conjoint va revenir et que la séparation n'est qu'une passade, un malentendu qui sera bientôt dissipé. Quand le « malentendu » en question s'installe avec ses valises chez l'ex-conjoint, c'est l'heure de la déception ou de la colère pour le parent resté seul.
D'autres fois, la nouvelle vie de son ex-conjoint rappelle une douloureuse réalité au parent seul : c'est chez l'autre parent que l'enfant vivra une « vraie » vie de famille, avec son parent, un beau-parent et d'autres enfants. Il ne remet pas en cause le quotidien qu'il partage avec son enfant, mais c'est rarement ainsi qu'il avait imaginé la vie en famille, a fortiori s'il n'a qu'un enfant.

• **Distribution d'amour équilibrée.** Après de longues manœuvres d'approche, le parent remis en couple se rend à l'évidence : le courant ne passe pas entre le nouveau partenaire et ses propres enfants. C'est le moment de faire le point sur la place occupée par la liaison amoureuse. Laquelle arrive peu après la séparation : trois ans après la rupture, 60 % des hommes et 45 % des femmes ont renoué une relation à deux.
Cette nouvelle relation est l'objet d'enjeux considérables. On s'y investit d'autant plus qu'elle restaure une

image de soi fragilisée, et « répare » les dégâts causés par l'échec précédent. Et si elle éclipse les enfants ? S'ils se sentent négligés, ces derniers le feront vite savoir. Ce sont d'excellents garde-fous pour rappeler qu'on ne vit pas une histoire d'amour à 40 ans comme à 20…

⇒ Quand la jalousie fait son nid

Partager son parent n'est pas d'emblée réjouissant. Quand on a eu durant des années son parent pour soi tout seul, le découvrir tout miel, au bras du nouveau partenaire, est vécu par certains comme une haute trahison. C'est l'heure des crises de jalousie, chez les petits plus que chez les grands. Les adolescents ont vite compris qu'un parent amoureux négocie plus sereinement et distribue les permissions de sortie plus largement !
Il arrive aussi que le nouveau partenaire soit jaloux de la complicité unissant l'adulte à ses enfants. Cette « compétition amoureuse » entre les enfants et le nouveau venu est assez dangereuse. Tous finiront par se prendre en grippe, à la longue ! Il ne sert à rien de faire capoter la liaison qui commence, ou de refuser de partager une miette d'amour. Tous ces sentiments doivent cohabiter sous le même toit, sans quoi tout le monde y perdra.

• **Beau-père, mode d'emploi.** Beau-père à mi-temps, c'est un statut douloureux pour certains pères. S'ils ne voient leurs propres enfants qu'un week-end sur deux, la proximité qu'ils ont avec les enfants de leur compagne remue chaque jour le couteau dans la plaie. Pour se protéger de cette souffrance, ils adoptent une attitude réservée avec leurs beaux-enfants. Ce n'est pas de l'indifférence, mais plutôt une forme de loyauté envers leurs propres enfants, car il n'est pas question d'être plus intime avec d'autres enfants que les siens. La résidence alternée sera-t-elle un moyen d'éviter cette situation bancale?

• **La belle-mère, ce n'est pas la mère.** Comme dans les contes de fées, la belle-mère n'a pas toujours le beau rôle. Elle est indifférente à ses beaux-enfants; elle avantage ses enfants; elle disqualifie systématiquement la mère, etc. En réalité, le nouveau partenaire prend la place qu'on lui laisse occuper: si, depuis des années, le père critique vertement la mère des enfants, sa nouvelle compagne lui emboîte le pas. Elle s'imagine alors qu'elle peut se substituer à la mère. Mais ce n'est pas une victoire très glorieuse de s'installer sur un champ de ruines. Cette disqualification de l'un ou l'autre conjoint au profit du beau-parent est toujours douloureuse pour les enfants, champions de la loyauté. Ils ne supporteront pas longtemps cette injustice.

• **Il ou elle chouchoute ses enfants!** Quand on reconstruit une relation, les bases de l'éducation ont déjà été données aux enfants des premiers lits. Ce qui faisait l'objet de négociations serrées – qui met le couvert? qui étend le linge? – devient source de prises de bec à répétition. Les enfants des deux «camps» s'accusent de fainéantise. Au milieu, les adultes navrés comptent les points. Difficile d'imaginer que cette tribu ne sente pas des différences de traitement, suivant qui donne l'ordre, le parent ou le beau-parent. Le plus simple est de se positionner en deuxième ligne auprès des beaux-enfants. On laisse le rôle de gendarme au parent, et l'on sert de facteur, pour transmettre les messages des uns aux autres. Ce statut «ni-ni» (ni parent ni copain) laisse le champ libre aux deux parents, mais instaure quand même un lien privilégié avec ce bel-enfant.
Quant à la différence de traitement, pourquoi la nier? Cette relation privilégiée ne pose pas de problème, si elle n'empêche pas l'adulte de rester juste et de punir ses propres enfants quand il le faut. Il est vrai qu'on remarque plus facilement la paille dans l'œil de ses beaux-enfants que la poutre dans celui de ses enfants...

• **Une naissance en vue.** Un nouveau bébé à la maison, quel bonheur ou quel malheur ? Les deux, pourrait-on dire. Pour l'enfant, cette nouvelle naissance cimente le puzzle familial, parfois un peu éparpillé. Cela n'évacue pas la jalousie passagère, comme dans n'importe quelle fratrie. Mais l'enfant sait qu'il gardera ce demi-frère ou cette demi-sœur toute sa vie, alors que sa relation avec les enfants du beau-parent sera éphémère, si les adultes ne restent pas durablement ensemble.
Quelquefois, ce petit être vient « légitimer » le bel-enfant. Celui qui n'était « que » l'enfant de son nouveau partenaire devient le frère ou la sœur du bébé. Et ça change tout ! D'autres fois, ce nouveau bébé provoque la réaction inverse. Il détourne l'attention portée au bel-enfant, lequel peut se sentir oublié.
Et du côté des adultes ? Une nouvelle naissance évoque des souvenirs, pas tous agréables, de la vie commune. Pour la mère restée seule, il arrive qu'une naissance chez l'ex-mari ravive une douleur enfouie, notamment un désir de grossesse jamais assouvi. Et pour le père resté seul, ce bébé oblige à ouvrir les yeux : non, décidément, l'histoire d'amour de son ex-compagne n'était pas passagère...

Les signes qui doivent alerter

⇒ Du côté de l'enfant

L'enfant ne va pas bien. Il dort mal, mange mal, se renferme comme une huître, décroche en classe, devient violent à l'école et agressif avec ses frères et sœurs, chaparde, ment comme un arracheur de dents, etc. La palette de l'enfant est large pour manifester son mal-être ! S'il présente ces signes en revenant de chez l'un de ses parents, l'autre s'alerte. L'enfant a le droit d'avoir une baisse de régime passagère. Cela n'a rien d'alarmant, car elle passe parfois aussi vite qu'elle est venue. Mais si ces comportements se chronicisent, ils peuvent signifier que la résidence alternée pose un problème à l'enfant. Sa personnalité fait qu'il supporte mal ces va-et-vient (il est casanier, angoissé par le changement, s'adapte lentement, etc.). Faut-il suspendre la résidence alternée ? Changer de rythme ? En tout cas, une réflexion entre les parents doit s'engager, dans l'intérêt de l'enfant.

• **Baisse de régime scolaire ?** L'école est un bon indicateur de difficultés, chez l'enfant. Les causes sont multiples. Elles peuvent être cognitives : l'enfant fait soudain face à un type d'activité intellectuelle qui ne lui convient pas ; ou affectives : il perd sa motivation s'il sent

qu'on ne croit plus en sa réussite. Parfois, c'est un mélange des deux. L'écolier fonctionne au « retour sur investissement » : si ses efforts produisent quelque chose d'immédiatement positif (bonnes notes, félicitations de la maîtresse ou des parents, cadeaux, etc.), il accepte de les poursuivre. Sinon, il n'est pas prêt à travailler.
Si ses résultats scolaires jouent au yoyo, mieux vaut prendre son temps avant de tirer des conclusions définitives. Il faudrait se garder de servir la résidence alternée à toutes les sauces : « Oui, maman, je ne travaille pas à l'école, car j'oublie sans arrêt mes cahiers chez papa. » Certes, l'alternance peut provoquer un manque d'intérêt des parents pour le travail scolaire de l'enfant, ce qui le démotive. Mais ses résultats ne seraient-ils pas tout aussi affectés, si l'enfant n'alternait pas ? Et si c'était la séparation parentale que l'enfant mettait du temps à digérer ?

• **« Je veux vivre chez maman (ou chez papa) ! »** Au-delà des mots, que signifie cette demande ? De qui émane-t-elle : de l'enfant ou de son parent ? Est-ce un caprice, si l'enfant est plus gâté d'un côté que de l'autre ? Ressent-il un véritable mal-être, à circuler d'un foyer à l'autre ? Ou s'exprime-t-il pour réconforter le parent resté seul, qu'il sent déchiré par ces séparations ?

Trouver une solution qui fasse coïncider l'intérêt de l'enfant et son désir n'est pas facile, car les deux ne se superposent pas obligatoirement. Parfois même, il faudrait prendre la décision inverse de celle souhaitée par l'enfant. Par exemple, un adolescent veut vivre chez sa mère parce qu'il déclare ne plus s'entendre avec son père. Si la vraie raison est que le père l'empêche de sécher les cours et de se faire des piercings, faut-il vraiment abonder dans son sens ? Sa parole doit être entendue, mais il n'appartient pas à l'enfant seul de décider où et comment il grandit. Si les parents en ressentent le besoin, il pourra être profitable de consulter un psychologue, pour faire le point avec l'enfant.

• **Promesses non tenues...** Quand l'enfant ne se sent pas bien dans la résidence alternée, c'est peut-être que la vie ne ressemble pas à ce qui avait été énoncé devant le juge. Si l'un des parents trouve un tas de prétextes pour ne pas assumer l'enfant pendant son temps de résidence, la crise approche à grands pas. L'enfant, comme l'autre parent, aura l'impression d'avoir été trompé sur la marchandise. Et il n'a pas forcément envie d'être élevé à temps partiel par une baby-sitter ou sa grand-mère. Rappeler au parent négligent ses engagements et ses devoirs sera alors nécessaire.

⇾ Du côté des parents

Quelquefois, c'est une illusion complète d'imaginer que le couple parental peut fonctionner alors que le couple conjugal est mort et enterré. Déjà, avant la rupture, les problèmes de parentalité pouvaient être à l'origine de la séparation. Imaginez ces parents, qui se sont séparés à cause des enfants, à qui l'on demande aujourd'hui de s'entendre autour des questions d'éducation ! En plus, ce serait nier la dynamique de changement qui éloigne les ex-conjoints l'un de l'autre. Désorientés par les injonctions qu'on leur fait de rester un couple parental, ils sont complètement perdus et demandent au juge de fixer une ligne de conduite comme on s'en remet à un arbitre en cas de litige. La question principale est de savoir comment rester deux « bons » parents, lorsqu'on n'est plus un couple et qu'on ne s'aime plus... Si l'on cherche toujours la réponse après des mois de résidence alternée, c'est qu'on est entré dans la coparentalité à reculons, et qu'il faudra un jour déballer son sac.

• **Le quotidien, un réservoir à bagarres inépuisable.** Les broutilles du quotidien sont un poison redoutable si l'on décide de ne rien laisser passer à l'autre parent : l'enfant se couche trop tard ; il regarde trop la télévision ; il mange n'importe quoi ; il revient impoli ; l'ex-conjoint est complètement laxiste sur les devoirs ou, à l'inverse, d'une rigidité insupportable ; il le gâte trop, lui donne mal ses médicaments, etc. Ce n'est pas la résidence alternée qui est alors en cause. Dans un autre cas de figure – résidence habituelle chez l'un et devoir de visite pour l'autre –, les relations seraient tout aussi exécrables. Quand les parents ont décidé de se faire la guerre, ils n'ont aucun mal à trouver des terrains de mésentente.

• **Il y a du « sabotage » dans l'air.** Quand, dès le départ, l'un des deux parents ne croit pas à la résidence alternée, il n'est pas rare de retrouver tout ce petit monde devant le juge, quelques mois plus tard. « Je vous l'avais bien dit que ce système était boiteux ! » claironne le parent opposé à l'alternance. Sabotage ? Ce sera au juge de trancher et de sanctionner, s'il le faut, le parent belliqueux ou celui qui cherche à évincer l'autre. Pour les amoureux du règlement de comptes, la résidence alternée est un terrain comme un autre… Mais il est probable que, résidence alternée ou non, les choses ne s'arrêteront pas là. La médiation sera un passage obligé, pour retrouver une communication acceptable.

• **Un beau-parent envahissant.** Quand le nouveau partenaire d'un des parents grignote peu à peu l'espace parental, il finit par prendre trop de place. Il vient chercher l'enfant chez l'autre parent; il le réprimande quand son parent vient le chercher; il signe ses bulletins; assiste aux entraînements de handball, ou aux spectacles de danse, à la place du parent; et finit par se faire appeler «papa» ou «maman». Pas étonnant que les parents soient, alors, au bord de la crise de nerfs. C'est à celui des deux remis en couple de rappeler à son nouveau partenaire la juste distance qu'il doit respecter auprès de l'enfant. Une juste distance qui est aussi une juste proximité. Mais ce n'est en aucun cas la prise de pouvoir sur l'enfant ou la relégation du parent resté seul au rayon des souvenirs.

• **L'apparence de l'enfant.** Les disputes prennent parfois une tournure surprenante. Qui aurait imaginé qu'une visite chez le coiffeur déclenche de tels drames? C'est ce qui arrive, quand l'enfant est coiffé selon le goût de la mère, ce qui hérisse (au sens propre...) son père. Ou c'est la mère qui s'agace de cette intrusion du père: «Pourquoi emmène-t-il son fils chez le coiffeur? Il ne l'a jamais fait en neuf ans de vie commune!» Du côté vestimentaire, c'est le même refrain: l'enfant arrive chez l'autre parent, portant des vêtements qui ne risquent plus rien. Aussitôt, l'ex-compagnon vous accuse

de ne lui mettre que des haillons. À l'inverse, le moindre accroc au pantalon neuf entraîne illico un rendez-vous devant le juge aux affaires familiales, pour négligence parentale. Et c'est sans parler des empoignades, à propos de l'argent : « Tu achètes tes enfants avec des tenues à 150 euros ! »
L'apparence de l'enfant est une part de soi que l'adulte lui transmet. Simple question de goût ? Pas seulement. Maintenant qu'on est séparé, ces petites parcelles de l'autre, qu'on ne voit pas quand on vit ensemble, sont vécues comme des agressions. C'est intolérable que l'enfant porte des empreintes aussi visibles de l'autre parent. Qu'il transporte en lui sa génétique, passe encore, on ne peut pas l'éviter... et ça ne se voit pas forcément. Mais quel supplice, s'il affiche son esthétique !

Comment se faire aider ?

→ Une précieuse alliée, la médiation familiale

Quand vraiment tout est objet de conflit, mieux vaut tenter de trouver un tiers pacificateur. La médiation familiale peut être la solution.

• **Éduquer à la parentalité.** En médiation, on se retrouve face à son ex-conjoint en présence d'un médiateur (psychologue, psychothérapeute, etc.). Le lieu est neutre, indépendant de la justice et confidentiel. «Pourquoi est-on là, alors qu'on vient de divorcer?» maugréent les ex-époux. Pour être capables d'être deux parents acceptables, qui ne soient pas à couteaux tirés, et qui n'expédient pas les décisions concernant l'enfant, en trente secondes, en bas de l'immeuble, l'un, au volant de sa voiture, l'autre, sur le trottoir. Quelques-uns s'étonneront, mais c'est pourtant la réalité: oui, on peut apprendre à être parent, et à partager cette responsabilité avec quelqu'un qu'on n'aime plus...

• **La médiation, dans le concret.** D'abord, le médiateur pose le cadre général, la rencontre entre les deux parents et leur vie commune. Reparler des souvenirs agréables permet d'apaiser les relations actuelles, forcément plus tendues; et cela facilite la prise de parole. Comment s'est-on rencontré? Qu'est-ce qui a séduit, chez l'autre? Progressivement, on déroule le fil de l'histoire pour arriver à la séparation. À l'occasion, on peut découvrir qu'on s'est marié pour une raison: «C'est une vraie artiste», « Il est plein de projets», et qu'on divorce pour la même raison: «Elle est complètement instable»,

« Il n'est jamais content de ce qu'il a». Reparler de la séparation permet de vérifier si elle est digérée ou s'il subsiste encore des plaies à vif. Enfin, l'ex-couple arrive à l'essentiel: c'est quoi, être un parent? Comment chacun envisage son rôle? Peu à peu, on débouche sur des détails très concrets: qui va aux réunions avec les profs? Qui l'emmène chez le médecin? Une dizaine de séances de deux heures, étalées sur six mois, au maximum, permettent aux parents de repartir sur de nouvelles bases. Et le coût de cette médiation? Il dépend du quotient familial, mais il n'est jamais ruineux: la séance coûte de 3 à 40 euros, environ, selon les revenus du couple. C'est bien moins cher qu'un avocat... Et la Caisse nationale des allocations familiales est en train de réfléchir à une «allocation médiation». Cela permettrait, à tous, de pouvoir en bénéficier, sans avoir besoin de passer au préalable par le tribunal, pour obtenir l'aide juridictionnelle (pour ceux qui n'ont pas les moyens de financer leur médiation).

• **Une aide précieuse.** De plus en plus de juges aux affaires familiales enjoignent les couples en cours de divorce de passer par la médiation. D'ailleurs, depuis fin 2003, tout couple doit consulter un médiateur familial. Ce n'est pas une mode, mais une manière de reconnaître qu'il faut accompagner certaines personnes qui divorcent. Quand on est en petits morceaux après une rupture, qu'on a du mal à faire le deuil de son ex-conjoint, la médiation aide les adultes à élaborer une réponse face à la tristesse et au sentiment d'échec. En ritualisant le démariage, c'est comme si la médiation autorisait les parents à laisser libre cours à leur souffrance ou à leur ressentiment. Puisque le mariage s'accompagne de nombreux rituels, il est naturel d'en instaurer aussi au moment de la séparation...

Savoir arrêter la résidence alternée

Pour le bien de chacun, il ne faut pas s'entêter à poursuivre la garde alternée, quand elle entraîne plus d'inconvénients que d'avantages. Et surtout quand l'équilibre des enfants est menacé.

→ L'alternance était nécessaire juste après la rupture

L'exigence d'un partage égalitaire du temps avec l'enfant, au moment de la séparation, est souvent le fruit de la peur d'un parent d'être peu à peu éliminé de la vie de son enfant. Après des mois d'alternance, le voilà rassuré : il se sent en mesure d'exercer pleinement son rôle,

et l'enfant se sent chez lui dans ses deux foyers. Alors, l'adulte n'a plus besoin de «s'accrocher» à la résidence alternée. S'il le désire, l'ex-couple peut envisager une nouvelle convention, plus adaptée au rythme de l'enfant ou aux contraintes des parents.
Certaines familles choisissent la résidence alternée, car elle donne à tout le monde l'illusion d'une non-rupture. Il arrive aussi, pour le parent quitté, que la présence de l'enfant vienne colmater la blessure narcissique de la séparation : partager en partie l'enfant, c'est garder un bout de son couple et de sa vie d'avant. Mais vient un jour où la blessure est cicatrisée, où le parent célibataire se remet lui-même en couple, et où les petits comme les grands se sentent capables d'élaborer un travail de deuil autour de la «famille idéale». C'est peut-être l'heure de changer de vie, pour marquer une nouvelle étape dans la construction de l'enfant et dans la reconstruction du parent quitté.

⇨ La résidence alternée n'est plus adaptée

Si l'alternance pose problème, par exemple en cas de déménagement ou d'impératifs professionnels, les parents devront réfléchir à un nouveau rythme de vie. Il suffit parfois de peu pour que le mode de vie doive évoluer : l'un des parents ne se sent pas capable de soutenir scolairement l'enfant qui en aurait besoin ; un parent part travailler à quarante kilomètres. Ce n'est pas le bout du monde, c'est vrai. Mais si cette nouvelle vie oblige les enfants, ou les adolescents, à se lever une heure plus tôt, à prendre le car, le bus ou le RER, il n'est pas certain que le rythme de vie choisi (par exemple une semaine/une semaine) reste viable. Une nouvelle convention entérinera les changements. L'alternance ne sera peut-être pas paritaire, mais chacun est désormais rassuré sur sa place dans cette famille séparée, pour accepter de nouvelles conditions de vie.

⇨ L'un des parents ne joue pas le jeu

Quand un parent a freiné des quatre fers pour démarrer l'alternance, qu'il a fait preuve de mauvaise volonté, qu'il tient un double discours : « C'est très bien que l'enfant voit son autre parent, même si mon ex n'a jamais su s'y prendre avec lui », et qu'il dénigre l'autre parent, le juge peut décider que l'histoire a assez duré. S'il le souhaite, il peut confier la résidence de l'enfant à celui des deux parents qui a prouvé son aptitude à accepter l'autre. À ce propos, la loi parle clairement de « l'aptitude de chacun des parents à assumer ses devoirs et respecter les droits de l'autre ». Si l'un des parents ne joue pas le jeu de la coparentalité, et que l'enfant en souffre, il sera peut-être positif de rencontrer un psychologue. Avant de retourner au tribunal : le juge décidera alors si la famille doit adopter un nouveau rythme d'alternance (non paritaire, par exemple) ou si elle doit revenir à un système traditionnel, avec un devoir de visite classique ou élargi.

⇾ De l'amiable au conflit…

Pour les couples qui se sont lancés en résidence alternée avant mars 2002, la négociation s'est en général faite à l'amiable, puisqu'il n'existait pas de cadre juridique. D'autres, non mariés, se sont organisés après la séparation, sans officialiser quoi que ce soit concernant la vie des enfants. Mais ce qui s'est négocié sereinement, il y a cinq ans, peut très bien s'être dégradé depuis. S'il semble impossible de trouver un compromis à deux, l'ex-couple peut demander l'aide d'un tiers. Le médiateur familial pourra homologuer la nouvelle convention mise sur pied par les parents. Le juge aux affaires familiales aussi. L'intervention de ce dernier revêt un caractère plus « officiel », et certains ont besoin d'entendre cette parole formelle pour accepter le nouveau rythme de vie.

⇨ L'un des parents n'assure plus

Qu'ils rentrent dans une phase dépressive ou qu'ils revivent leurs 20 ans déjantés, certains parents perdent complètement le cap, après une rupture. Selon les cas, l'enfant vit avec un parent « en service minimum », avachi devant la télévision ou sur le canapé, qui délègue à une voisine de palier le quotidien – repas, transport jusqu'à l'école, devoirs –, et se désintéresse peu ou prou de la vie de l'enfant. Il y a aussi le « parent adolescent », qui démissionne de son rôle d'éducateur. Il sort tout le temps, de préférence avec ses enfants – ça économise la baby-sitter – qui dorment comme ils peuvent ; il s'occupe de sa (ses) nouvelle(s) conquête(s) amoureuse(s), sans se préoccuper de l'enfant ; il ferme les yeux sur la consommation de shit ou sur le séchage des cours des plus grands ; il ne demande aucune explication à l'adolescent qui revient fin saoul d'une soirée, à 6 heures du matin. Quand l'autre parent constate que la vie chez son ex-conjoint ressemble à tout sauf à une vie de famille, que faire ? Si ses avertissements restent lettre morte, il va falloir préserver au plus vite l'équilibre des enfants. Quand on en arrive là, on peut supposer que la médiation familiale s'est soldée par un échec. Reste à saisir le juge aux affaires familiales, en exposant les griefs. Ce dernier jugera lui-même de la gravité de la situation et pourra arrêter la résidence alternée. Si les choses le permettent, il attendra une période propice, comme les vacances d'été. Mais parfois, il n'y a pas de temps à perdre... Dans tous les cas, c'est le juge aux affaires familiales qui décidera des futures conditions d'hébergement de l'enfant. Il rétablira, par exemple, la résidence principale chez le parent qui maintient le cap, et fixera les devoirs de visite du parent « démissionnaire ».

L'essentiel

- **La remise en couple d'un des parents entraîne souvent une période de flottement pour l'enfant : il doit faire le deuil de sa famille « d'avant ».**

- **En cas de famille recomposée, un nouvel équilibre ne tardera pas à émerger, si l'adulte de nouveau en couple ne délaisse pas son rôle de parent. Et si le beau-parent ne remet pas en cause la légitimité du parent resté seul.**

- **Tout changement brutal et durable, dans le comportement de l'enfant, sa personnalité ou ses résultats scolaires, doit servir de signal d'alarme.**

- Quand les parents ont décidé de se faire la guerre, ce n'est pas la résidence alternée qui pose problème, mais l'état de conflit du couple parental.

- Le juge aux affaires familiales a souvent recours à la médiation familiale, pour accompagner les adultes dans leur travail de deuil et les aider à retrouver un niveau de communication acceptable, à propos de l'enfant.

- Quand l'un des parents se montre belliqueux, désireux d'évincer l'autre parent ou démissionne de son rôle d'éducateur, il n'est pas souhaitable de maintenir la résidence alternée. Le juge peut, s'il le veut, sanctionner cette attitude parentale en accordant l'hébergement principal à l'autre parent.

Conclusion

Considérée pendant des années comme une pratique marginale, la résidence alternée bénéficie aujourd'hui d'une vraie popularité auprès des familles séparées. Son « officialisation », depuis mars 2002, a sûrement contribué, en partie, à son succès. Dans une époque où tout ce qui est possible devient légitime, il est probable que certains parents ont demandé la résidence alternée sans autre véritable motivation... que celle d'y avoir droit : « Pourquoi mes enfants ne vivraient pas en résidence alternée ? J'y ai bien le droit, après tout ! » Mais l'amour d'un enfant ne se décrète pas, pas plus que la disponibilité d'un parent...

Parmi ceux qui expérimentent aujourd'hui ce mode de vie au quotidien, beaucoup ne sont pas des « militants » de l'alternance. Avant la séparation, ils n'avaient pas réfléchi à leur rôle de père ou de mère. Pas par manque d'intérêt pour le sujet, mais parce que l'éducation se faisait sans y penser. C'est justement lorsque plus rien ne va de soi que la résidence alternée peut apporter des réponses aux questions qui surgissent après une séparation : comment ne pas perdre le lien avec son ou ses enfants ? Comment rester un père, quand on a fini d'aimer la mère de ses enfants ? Comment être une mère, quand on ne vit plus avec le père de ses enfants ? Choisir ce mode de vie original et parfois déroutant ne se fait pas sans quelques angoisses et une série d'interrogations. D'ailleurs, le gouvernement vient de diligenter une étude pour voir comment s'appliquent l'autorité parentale conjointe et la résidence alternée. La loi de mars 2002 a ouvert des voies de réflexion et de nouvelles pratiques parentales. Elles ne disparaîtront pas de sitôt, même si la loi est modifiée. Il est possible que soit fixé un âge seuil en dessous duquel on ne peut pas envisager l'alternance, que la médiation familiale voit son rôle renforcé au moment d'un divorce, ou que d'autres mesures d'accompagnement des parents voient le jour. Au-delà des questions qu'elle suscite, ou des ajustements qu'elle exige, la résidence alternée engage une discussion plus globale sur une question cruciale, en ce début de XXIe siècle : c'est quoi, être un parent ? Chaque jour, auprès de leurs enfants, les couples, unis ou séparés, nourrissent ce beau débat de leurs histoires singulières.

Bibliographie

Pour les enfants

De moins de 9 ans

DELVAL M.-H. et MACPHAIL D., *Les Deux Maisons de Petit Blaireau,* Bayard Poche, 2003.

GRINDLEY S. et THOMPSON C., *La Nouvelle Chambre d'Édouard,* Pastel, 2000.

LE PICARD C. et BASCHET J., *Lucas et Maria ont deux maisons,* Albin Michel, 2001.

MASUREL C. et MACDONALD DENTON K., *Mes deux maisons,* Bayard, 2001.

RASCAL et JOOS L., *C'est un papa...,* Pastel, 2001.

SARRAZIN J.-C., *Kulbut n'aime pas les disputes,* Albin Michel, 2001.

De 9 ans et plus

• Fiction

HEITZ B., *Au bout du canal,* Seuil, 2002.

HOBBS V., *Charlie s'en va,* Le livre de poche jeunesse, 2002.

LAUFER D., *L'Été de mes 13 ans,* Bayard jeunesse, 2002.

NOZIÈRE J.-P., *Eldorado,* Gallimard jeunesse, 1999.

SMADJA B., *Un poisson nommé Jean-Paul,* École des loisirs, 2001.

• **Essais**

COHEN-HERLEM F., *Papa, Maman, vous ne vous aimez plus… et moi dans tout ça ?*, Alias etc, 2002.

CORGIBET V., *On divorce : la vie continue*, Milan, 2002.

SCHULZ M., *La Famille dans tous ses états*, Gallimard jeunesse, 2000.

Pour les adultes

• **Essais**

ARÈNES J., *Au secours, mes parents divorcent !*, Fleurus, 2003.

BERGER Pr M. et GRAVILLON I., *Mes parents se séparent, je me sens perdu*, Albin Michel, 2003.

DAHAN J. et DE SCHONEN-DESARNAUTS E., *Se séparer sans se déchirer*, Pocket, 2000.

LE CAMUS J., *Le Vrai Rôle du père*, Odile Jacob, 2000.

LEROY S. et LUCAS P., *Le Divorce expliqué à nos enfants*, Seuil, 2003.

NEYRAND G., *L'Enfant face à la séparation des parents. Une solution, la résidence alternée*, Syros, 2001.

POUSSIN G. et MARTIN-LEBRUN É., *Les Enfants du divorce*, Dunod, 1997.

WALLES D., *Les Enfants d'abord*, Hachette pratique, 2002.

• **Fiction**

FRANCK D., *Les Enfants*, Grasset, 2003.

Contacts utiles

Médiation familiale

Il existe environ cent cinquante centres de médiation familiale en France. Deux organismes les regroupent. Il suffit de contacter l'un ou l'autre, pour connaître la structure de médiation familiale la plus proche de chez vous (et celle qui propose des tarifs indexés au quotient familial).

APMF (Association pour la médiation familiale) : 11, rue Beccaria, 75012 Paris. Tél. : 01 43 40 29 32. Site Internet : www.mediationfamiliale.asso.fr

FENAMEF (Fédération nationale de la médiation familiale) : 11, rue Guyon-de-Guercheville, 14204 Hérouville-Saint-Clair. Tél. : 02 31 46 87 87. Site Internet : www.fenamef.asso.fr

Divorce

Divorcés de France : BP 380, 75625 Paris Cedex 13. Tél. : 01 45 86 29 61/01 45 85 60 00. Site Internet : www.ddf.asso.fr

Condition des pères

Fédération des mouvements de la condition paternelle: 144, avenue Daumesnil, 75012 Paris. Tél.: 01 43 41 45 18. Site Internet: www.fmcp.org

SOS Papa: 34, rue du Président-Wilson, BP 4978231 Cedex Le Pecq. Tél.: 01 39 76 19 99.

Remerciements

Pour leur disponibilité et la pertinence de leurs propos, nos sincères remerciements à (par ordre alphabétique) :

- Myriam Chevallereau, enquêtrice sociale ;
- Jocelyne Dahan, responsable du CEMAF (Centre de médiation familiale), à Toulouse ;
- Stéphane Ditchev, responsable de la Fédération des mouvements de la condition paternelle ;
- Anne Fauré, avocate ;
- Marie Lacroix, juge aux affaires familiales, à Grenoble ;
- Jean Le Camus, professeur de psychologie, à Toulouse ;
- Sophie Mollat et Gilbert Neyrand, juges aux affaires familiales, à Toulouse.

... Et à tous les parents et enfants qui ont bien voulu témoigner de leurs expériences personnelles !

Table

AUTRES OUVRAGES DE GÉRARD POUSSIN :

Rompre ces liens qui nous étouffent,
Pocket, 2001.

La Fonction parentale, (2e édition),
Dunod, 1999.

L'Enfant et le psychologue,
Dunod, 1998.

DANS LA MÊME COLLECTION :

Il a du mal à apprendre à lire
Comment l'aider ?

Arrête de me parler sur ce ton !
Comment réagir ?

Je rassure mon bébé
L'apaiser et l'encourager de 0 à 2 ans

Conception graphique et réalisation : Louise Daniel
et impression Bussière Camedan Imprimeries
en décembre 2003.
N° d'édition : 22128. – N° d'impression : 035618/1.
Dépôt légal : janvier 2004.
Imprimé en France.